INTELIGENCIA
EMOCIONAL
PARA LA VIDA COTIDIANA

Título original: EQ Applied: The Real-World Guide to Emotional Intelligence
Traducido del inglés por Elsa Gómez Belastegui
Diseño de portada: Editorial Sirio, S.A.
Maquetación de interior: Toñi F. Castellón

I.S.B.N.: 978-84-18000-41-6
Depósito Legal: MA-485-2020

Impreso en Imagraf Impresores, S. A.
c/ Nabucco, 14 D - Pol. Alameda
29006 - Málaga

Impreso en España

Puedes seguirnos en Facebook, Twitter, YouTube e Instagram.

JUSTIN BARISO

INTELIGENCIA EMOCIONAL

PARA LA VIDA COTIDIANA

Una Guía para el Mundo Real

EDITORIAL
SIRIO

Para Dominika, Jonah y Lily, que me han enseñado más de lo que cabría en un millón de libros.

Índice

Introducción

En 1995, el psicólogo y redactor científico Daniel Goleman publicó un libro en el que presentó a la mayor parte de la población mundial el concepto naciente de inteligencia emocional. La idea –de que ser capaces de reconocer y controlar las emociones aumenta notablemente nuestras probabilidades de conseguir lo que nos proponemos y triunfar en la vida– cuajó rápidamente, y transformó la manera de entender las emociones y el comportamiento humano.

En los más de veinte años que han transcurrido desde que irrumpió en escena el libro de Goleman, el mundo ha experimentado un cambio espectacular, y de ahí que utilizar la inteligencia emocional sea hoy más necesario que nunca.

Basta con tener en cuenta que el fraccionamiento político es la realidad imperante en nuestros días; los candidatos presidenciales utilizan el miedo y la ira como «armas de persuasión masiva», y sus apasionados correligionarios, a los que les falta tiempo para tachar al «otro» de imbécil o de no tener arreglo, protagonizan acalorados debates, en los que recurren a las invectivas y utilizan argumentos *ad hominem* para desacreditarse mutuamente, lo cual hace del todo imposible el diálogo sosegado y racional.

La guerra, la globalización y la urbanización creciente siguen obligando a individuos de distintas razas, culturas y procedencias a vivir cada vez en mayor proximidad unos de otros. En las ciudades superpobladas, ricos y pobres conviven puerta con puerta, y hay países donde los campos de refugiados han acabado por convertirse en barrios o poblaciones consolidados. Pero el desconocimiento engendra temor, y todas esas diferencias alimentan la desconfianza y la intranquilidad.

Internet nos ha puesto al alcance de los dedos una cantidad inmensa de información, pero como las noticias viajan a la velocidad de la luz, es más difícil que nunca distinguir la realidad de la ficción. ¿La consecuencia? Una era de posverdad, en la que saber apelar a las emociones y creencias del público tiene más peso que los hechos objetivos.

La proliferación de los teléfonos inteligentes y otros dispositivos móviles ha sustituido los breves momentos de observación, en los que solíamos reflexionar sobre nosotros mismos, por la fiebre por leer y contestar continuamente mensajes de texto, comprobar lo que está ocurriendo en las redes sociales o simplemente navegar por Internet, actividades a las que nos impulsan la ansiedad, el aburrimiento y el miedo a pernos algo importante y quedar excluidos. La posibilidad de comunicarnos prácticamente con cualquiera, y a cualquier hora, nos inspira a hablar más de la cuenta en momentos de emotividad y a revelar detalles íntimos que luego lamentamos haber confiado.

A medida que esta adicción pavloviana a los dispositivos móviles va destruyendo en nosotros la capacidad de autocontrol, va imposibilitándonos a la vez para pensar por nosotros mismos. Los sitios web que frecuentamos contribuyen decisivamente a configurar nuestras emociones; los artículos que ojeamos, las noticias a las que atendemos y los vídeos que vemos van modelando, todos ellos, nuestro estado de ánimo y nuestros pensamientos, y van determinando así poco a poco nuestras opiniones e ideologías sin que nos demos cuenta siquiera.

Piensa además que, a la par que el mundo ha evolucionado, ha evolucionado también la comprensión de lo que significa tener inteligencia emocional.

Cuando en principio se propuso la expresión, muchos pensaron que la inteligencia emocional era intrínsecamente virtuosa. Sus postulantes promocionaron el concepto como la solución definitiva para una diversidad de problemas, desde el acoso escolar hasta la falta de compromiso de los trabajadores con la empresa. Sin embargo, hoy es evidente que, como la inteligencia tradicional, esta facultad puede utilizarse con fines éticos tanto como no éticos. Los estudios han demostrado, por ejemplo, que algunos individuos dotados de una alta inteligencia emocional la utilizan para influenciar y manipular a los demás en provecho propio.

Afortunadamente, cultivar nuestra propia inteligencia emocional puede ayudarnos a detectar y combatir esos intentos de manipulación. Cuanto más sepas sobre las emociones y su comportamiento, mejor te conocerás a ti mismo y más consciente serás de las razones que te mueven a tomar cualquier decisión. Ese conocimiento te permitirá adoptar una actitud proactiva e idear estrategias que reajusten tus reacciones emocionales, para evitar así decir y hacer cosas que más tarde lamentarás, y motivarte a actuar cuando sea necesario. Con el tiempo, aprenderás a utilizar las emociones para ayudar también a los demás, lo cual te hará establecer relaciones más fuertes y satisfactorias.

Estas son solo algunas de las razones por las que necesitamos desarrollar la inteligencia emocional hoy más que nunca.

Para entrar en materia, examinaremos las siguientes cuestiones:

- ¿Cómo podemos transformar nuestras emociones más violentas para que, en lugar de ser una fuerza destructiva, actúen a nuestro favor y al de los demás?
- ¿Cómo es que ampliar nuestro vocabulario emocional y hacer las preguntas adecuadas nos ayuda a ser más conscientes de nosotros mismos?
- ¿Por qué es tan difícil cultivar el autocontrol? ¿Podemos hacer algo para conseguirlo?
- ¿Puede ayudarnos a reajustar los hábitos emocionales tener un mayor conocimiento del cerebro y de cómo funciona?

- ¿Cómo podemos sacarles el máximo provecho a los comentarios que alguien nos haga sobre nosotros, ya sean positivos o negativos?
- ¿Cómo podemos hacerle a alguien un comentario para que le resulte beneficioso?
- ¿Cuándo es la empatía una ayuda, y cuándo nos puede perjudicar?
- ¿Cómo podemos ser más persuasivos o tener una mayor influencia positiva en los demás?
- ¿Es cierto que la inteligencia emocional nos permite cultivar, y mantener, relaciones más íntimas y más fuertes?
- ¿Cómo podemos protegernos de aquellos que utilizan los principios de la persuasión y la influencia para manipularnos o manipular a otros?

Para dar una respuesta práctica a estas preguntas, combinaré los resultados de diversos estudios con situaciones de la vida real, todos ellos fascinantes. Además, hablaré de mí y explicaré cómo la inteligencia emocional me enseñó a tomar el mando, y cómo me enseñó también a dejarme guiar. Contaré cómo el hecho de comprender las emociones de los demás y ser capaz de conectar emocionalmente con ellos me ayudó a cortejar a mi esposa y me ha hecho mejor marido y padre. Pero detallaré asimismo los peligros que me salieron al paso y te contaré por qué el compromiso activo de aumentar y aplicar el coeficiente de inteligencia emocional —nuestro CE— es solo una pieza de ese rompecabezas que consiste en sacar lo mejor de nosotros.

El objetivo final es muy simple: quiero ayudarte a conseguir que las emociones actúen a tu favor, y no en tu contra.

1

De la teoría a la práctica

¿Cómo se manifiesta la inteligencia emocional en el día a día?

• • • • • • • • • • •

*Las emociones del hombre se mueven más
rápido que su inteligencia.* [*]

Oscar Wilde

En 1997, Steve Jobs regresó a Apple, la empresa de la que había sido cofundador, y procedió a dirigir uno de los cambios de rumbo más extraordinarios de la historia. Como director ejecutivo, hizo a Apple resurgir cuando estaba al borde de la bancarrota y ayudó a transformarla en una de las empresas más importantes del planeta.

Todo este éxito resulta aún más impresionante si tenemos en cuenta que, solo doce años antes, a Jobs se le obligó a irse de la empresa que había ayudado a crear.

---

[*] *The Soul of Man under Socialism* (1891). Versión en castellano: *El alma del hombre bajo el socialismo.*

Tenía reputación de hombre genial e inspirador, pero es sabido que era también autoritario, impaciente y vanidoso. En determinado momento, la relación entre él y la junta directiva de Apple se había hecho tan difícil que el grupo lo relevó de sus principales funciones y lo dejó prácticamente sin poder. Jobs se sintió traicionado, abandonó la compañía y fundó una nueva empresa llamada NeXT. Hay que decir que varios empleados de alto rango de Apple siguieron a su antiguo jefe a la nueva empresa. En aquellos tiempos, Jobs era un engreído multimillonario de treinta y un años que estaba casi siempre convencido de tener la razón. Era severo y exigente, y a veces muy despreciativo. Siendo esto así, ¿cómo es que un grupo de individuos inteligentes con las ideas claras abandonaron sus empleos seguros para continuar trabajando con él?

Andy Cunningham nos da una pista. Como agente de relaciones públicas de Jobs, lo ayudó a lanzar Macintosh y siguió a su lado en NeXT y Pixar. Hablé con ella para saber qué era lo que apreciaba tanto de trabajar con su famoso antiguo jefe. «Trabajé con Steve durante cinco años codo con codo, y fue fenomenal —me dijo—. Lo que el público veía de él (las entrevistas, siempre estimulantes, y los discursos llenos de ingenio) es quien de verdad era. Aunque es cierto que podía ser a veces un jefe muy severo, era un honor trabajar con él. En la vida, las cosas de verdad importantes exigen un sacrificio, pero los beneficios lo compensan con creces. Steve me conmovía, me provocaba a diario una mezcla de asombro, ira y satisfacción simultáneos. Me llevó infinitamente más lejos de donde jamás imaginé que llegaría».[1]

Si viste a Jobs hacer el lanzamiento de alguno de sus productos más famosos, presenciaste lo que era esa habilidad en la práctica. Jobs sabía conectar con los sentimientos del público. Los consumidores querían dispositivos de Apple por cómo los hacían *sentirse*.

Los críticos, por el contrario, aseguran que si Jobs logró triunfar, fue *a pesar de* su incapacidad para lidiar con las emociones, las suyas y las de los demás.

La pregunta es: ¿era Steve Jobs un hombre emocionalmente inteligente?

Antes de responder, conviene que entendamos lo que es en esencia la inteligencia emocional.

Definición de inteligencia emocional

Cuando Daniel Goleman publicó *Inteligencia emocional* en 1995, pocos habían oído la expresión. En los círculos académicos, era un concepto nuevo, una teoría formulada por dos psicólogos, John D. Mayer y Peter Salovey, que postulaba que, al igual que tenemos toda una diversidad de capacidades intelectuales, tenemos también toda una diversidad de capacidades emocionales que influyen decisivamente en nuestros pensamientos y nuestros actos.

Pero todo cambió cuando la revista *TIME* presentó la idea como noticia de portada el 2 de octubre de 1995. En grandes letras rojas con efecto de relieve, preguntaba: «¿Cuál es tu coeficiente emocional (CE)?».

Inteligencia emocional estuvo año y medio en la lista de los libros más vendidos en Estados Unidos que publica anualmente el *New York Times*. La revista *Harvard Business Review* calificaba el concepto de «revolucionario» y de «destructor de paradigmas», y toda esta popularidad súbita hizo a muchos replantearse la idea que tenían del intelecto y del comportamiento emocional.[2]

Pero aunque la expresión *inteligencia emocional* fuera nueva en aquel tiempo, el concepto al que aludía no era novedoso ni mucho menos.

Durante siglos, los líderes y los filósofos habían aconsejado a sus seguidores que tuvieran en cuenta cómo influían las emociones en su comportamiento. Luego, a principios de los años ochenta del siglo XX, el distinguido psicólogo Howard Gardner teorizó que la inteligencia no consiste en una única facultad general, sino que hay diversas clases de «inteligencia» en las que cada individuo puede destacar, y entre ellas se incluye la capacidad para entender nuestros sentimientos y cómo influyen en nuestra conducta (inteligencia intrapersonal), así como el comportamiento emocional de los demás (inteligencia interpersonal).[3]

No obstante, es indudable que Goleman, Mayer, Salovey y otros psicólogos nos hicieron prestar más atención a las emociones. Y al expandirse el campo de la inteligencia emocional, los estudios e investigaciones se multiplicaron, y en ellos se hicieron descubrimientos muy reveladores.

¿Cómo definiríamos, por tanto, la inteligencia emocional? En su artículo original, Mayer y Salovey la describían así:

Inteligencia emocional es la capacidad de monitorizar nuestros sentimientos y emociones y los de los demás, a fin de reconocerlos y diferenciarlos, y utilizar la información que obtengamos para dirigir nuestro pensamiento y nuestros actos.[4]

Fíjate en que, por definición, la inteligencia emocional tiene una finalidad eminentemente práctica. No consiste en obtener un mero conocimiento teórico de las emociones y de cómo funcionan; es la capacidad del individuo para aplicar ese conocimiento, y gracias a él ajustar su conducta o la relación con los demás, a fin de obtener el resultado que desea.

En pocas palabras: inteligencia emocional es la facultad de dirigir las emociones para que actúen a nuestro favor, y no en nuestra contra.

¿En qué se traduce esto en la práctica?

Supongamos que estás charlando con alguien y, de repente, lo que era una discrepancia cordial se convierte en una discusión acalorada. En cuanto te das cuenta de la fuerte carga emocional que ha adquirido la conversación, diriges la atención a «controlar» lo que sientes; tal vez decidas incluso marcharte, para evitar decir o hacer algo que luego lamentarás.

O puede ser que te des cuenta de que tu interlocutor está hablando o actuando de un modo irracional, a causa del estado emocional en que se encuentra, y en cambio tú estás tranquilo. En ese caso, harás lo posible por quitarle hierro al asunto, quizá cambiando delicadamente de tema. Si se trata de algo de lo que es necesario hablar, tal vez decidas esperar hasta que tu interlocutor se calme, y entretanto pensar bien cómo podrías enfocarlo de la mejor manera posible.

Con estos ejemplos, no pretendo sugerir que evites cualquier tipo de conflicto o discusión acalorada. Lo que quiero decir es que aprender a identificarlos cuando los ves venir te da la posibilidad de no meterte en ellos sin darte cuenta y acabar actuando de un modo que luego podrías lamentar. Por otro lado, la práctica de la inteligencia emocional significa también aprender a contemplar los pensamientos y los sentimientos desde la perspectiva del otro, para que nuestras emociones no le hagan desechar lo que pensamos antes siquiera de oírlo.

Pero apenas hemos empezado a arañar la superficie.

Inteligencia emocional es la capacidad de hacer que las emociones actúen a tu favor, y no en tu contra.

Las cuatro habilidades

Para comprender todo lo que entraña la inteligencia emocional, conviene desglosarla en cuatro habilidades generales:[*]

Ser consciente de ti mismo significa ser capaz de identificar y comprender tus emociones y cómo te afectan, es decir, reconocer el impacto que tienen las emociones en tus pensamientos y acciones (y viceversa), sabiendo que tus sentimientos pueden ser una ayuda o un impedimento para alcanzar tus objetivos.

Tener consciencia de nosotros mismos implica ser capaces de reconocer nuestras tendencias emocionales y nuestros puntos fuertes y débiles.

La autorregulación es la capacidad para dirigir las emociones de un modo que nos permita cumplir con nuestro trabajo, lograr un objetivo u obtener un beneficio. Forma parte de ella el autocontrol, esto es, la capacidad para controlar nuestras reacciones emocionales.

Teniendo en cuenta que las emociones nacen de los sentimientos instintivos que nos son naturales, y en los que influye la química particular de nuestro cerebro, no siempre podemos controlarlas. Pero sí podemos controlar

---

[*] El esquema de las «cuatro habilidades» que se utiliza en este libro es mi interpretación del modelo de inteligencia emocional propuesto por Goleman, que incluye cuatro «competencias»: la conciencia de sí mismo, la regulación de las propias emociones, la conciencia o sensibilidad social y la regulación de las relaciones interpersonales (Daniel Goleman, Richard Boyatris y Annie McKee, *Liderazgo: el poder de la inteligencia emocional*. Barcelona: Ediciones B, S.A., 2013).

la manera de actuar (o abstenernos de actuar) respecto a lo que sentimos. El autocontrol puede reducir, por tanto, las probabilidades de que digamos o hagamos algo que tengamos que lamentar después, sobre todo en una situación con fuerte carga emocional.

Con el tiempo, ser capaz de regular tus emociones puede incluso darte la posibilidad de reconfigurar conscientemente tus tendencias emocionales.

La conciencia o sensibilidad social es la habilidad de percibir con exactitud lo que sienten los demás y de comprender cómo influyen esos sentimientos en su conducta. La sensibilidad social está fundamentada en la empatía, que nos permite percibir las cosas desde la perspectiva del otro. La empatía nos hace sintonizar con sus deseos y necesidades y nos da la posibilidad de satisfacer con acierto esos deseos, lo cual nos confiere personalmente mayor valía. Ser sensibles a las circunstancias de aquellos con los que nos relacionamos nos ofrece además una visión más completa de su realidad y nos ayuda a comprender el peso que tienen las emociones en cualquier relación.

La capacidad para regular las relaciones consiste en saber sacarle el máximo provecho a la conexión con los demás.

Uno de sus aspectos es la habilidad para influir en los demás con nuestras palabras y nuestra conducta: en lugar de intentar obligar a alguien a actuar, utilizamos la perspicacia y la persuasión para motivarlo a actuar por iniciativa propia.

Regular tus relaciones tiene además una repercusión emocional favorable en aquellos con quienes te relacionas. Poco a poco, aumenta el grado de confianza y se fortalecen los lazos entre tú y la gente que te rodea.

Estas cuatro habilidades están interconectadas y es natural que se complementen entre sí; ahora bien, no siempre *dependerán* una de otra. Lo natural es que destaques en algunos de sus aspectos y tengas dificultades en otros. Por ejemplo, quizá eres capaz de percibir con detalle tus emociones, y sin embargo te cuesta mucho controlarlas. La clave para fortalecer la inteligencia emocional es, primero, reconocer tus particularidades y tendencias y, luego, ingeniar estrategias para sacar el máximo partido de tus puntos fuertes y reducir al mínimo los débiles.

Pensemos, por ejemplo, en el rasgo de la sensibilidad social. Ser capaz de detectar y comprender lo que siente el otro puede ayudarte a no ofenderlo innecesariamente, lo cual te hará más simpático a sus ojos y realzará tu atractivo. Ahora bien, ese mismo atributo puede volverse en tu contra si te coarta a la hora de expresar lo que debes y cuando debes, o te impide hacerle a alguien un comentario crítico (aunque constructivo) por miedo a cómo pueda reaccionar.

Una sensibilidad social muy desarrollada será, por tanto, más efectiva si está compensada con las otras tres habilidades. Ser consciente de ti mismo te ayudará a darte cuenta de si, al percibir los sentimientos del otro, desistes de decir o hacer algo que probablemente le sería de utilidad. Regular tus emociones significa, entre otras cosas, prepararte para esta clase de situaciones y cultivar los hábitos que te motiven a actuar. Y, por último, la habilidad de regular las relaciones con los demás contribuye a que digas lo que tengas que decir del modo más conveniente, lo cual aumentará su influencia, mitigará cualquier sentimiento de ofensa y fortalecerá la confianza entre tú y el otro.

En las páginas que siguen, conocerás los distintos aspectos de cada una de estas habilidades de la inteligencia emocional y descubrirás cómo cultivar los que tengan relevancia para ti.

¿Qué es el CE? ¿Se puede medir la inteligencia emocional?

A pesar de que muchos investigadores empleen las siglas IE [*EI* en inglés] para referirse a la inteligencia emocional en sus estudios y artículos académicos, la abreviatura CE (de «coeficiente de inteligencia emocional») [*EQ: emotional intelligence quotient*] es actualmente la más extendida y fácil de reconocer en múltiples idiomas.

Es lógico, si tenemos en cuenta que a diario en nuestras conversaciones nos referimos a la inteligencia con las siglas CI (de «coeficiente intelectual») [*IQ: intelligence quotient*]. En el mundo deportivo, al hablar de un jugador que demuestra tener una comprensión excepcional de un deporte, decimos que tiene un alto CI («Tiene un alto coeficiente intelectual en lo que respecta al baloncesto, o al fútbol»), lo que significa que entiende a la perfección las reglas y estrategias del juego. No es que realmente se mida esa capacidad, pero referirnos a ella en estos términos resulta práctico y fácil de entender.

De la misma manera, cuando hablamos del CE de una persona, aludimos a la capacidad que tiene para entender las emociones y su mecanismo. Claro está que el valor de esa comprensión será limitado si no tiene utilidad práctica.

En otras palabras, la verdadera inteligencia emocional = CE aplicado.

Hay multitud de pruebas con las que supuestamente es posible medir la inteligencia emocional. Sin embargo, son solo parcialmente fiables: pueden darte una idea de cuánto sabes sobre las emociones y su efecto en el comportamiento, pero no pueden evaluar hasta qué punto eres capaz de poner esos conocimientos en práctica en las situaciones cotidianas.

Más provechoso que intentar cuantificar nuestra inteligencia emocional es comprometernos a cultivar una mentalidad de crecimiento.[*]

Empieza por preguntarte: «¿En qué situaciones mis emociones juegan en mi contra?».

---

[*] El concepto de «mentalidad de crecimiento» ha alcanzado gran popularidad en los últimos años, en parte gracias al trabajo de la profesora de Psicología de la Universidad de Stanford Carol Dweck. En su libro *Mindset: la actitud del éxito* (Málaga: Editorial Sirio, 2016), la profesora Dweck sostiene que aquellos individuos que se creen capaces de desarrollar su talento a base de trabajo, buenas estrategias y los comentarios constructivos de los demás (o sea, una mentalidad de desarrollo) suelen conseguir más que aquellos que piensan que sus talentos son dones innatos con un potencial de desarrollo limitado (mentalidad fija). Estudiaremos con más detalle la conexión entre esa mentalidad de crecimiento y la inteligencia emocional en el capítulo tres.

Por ejemplo:

- El enfado te ha hecho decir o hacer algo de lo que más tarde te arrepientes.
- Alguien te pidió que hicieras algo, y te comprometiste a hacerlo porque estabas de buen humor, pero luego te diste cuenta de que fue una respuesta precipitada.
- Que no fueras capaz de entender lo que alguien sentía fue motivo de ansiedad o de una ruptura de la comunicación.
- Te resultó difícil lidiar con un conflicto.
- Perdiste una gran oportunidad a causa de la ansiedad o el miedo injustificados.

Una vez que hayas identificado unas cuantas situaciones, da el segundo paso: pídele a alguien de confianza que te dé su punto de vista. Podría ser tu pareja u otro miembro de la familia, un amigo íntimo, un mentor o cualquier otro confidente. Explícale con claridad que te has propuesto mejorar tu forma de ser y necesitas que te conteste con sinceridad a la pregunta: «¿En qué situaciones has visto que mis emociones jugaran en mi contra?». Dale tiempo, para que pueda reflexionar un poco, y luego comentad su respuesta.

Es un ejercicio muy útil, porque tu punto de vista se forma, principalmente, a nivel subconsciente e influyen en él un sinfín de factores, entre ellos:

- Dónde naciste.

- Cómo te educaron.
- Con quién te relacionas.
- En qué eliges pensar.

El objetivo de la conversación no es determinar si el punto de vista del otro es acertado o no. Lo que importa es la diferencia entre cómo te ven los demás y cómo te ves tú, y también cuáles son las consecuencias de esas diferencias de perspectiva. Tomarte en serio esta pregunta, y cualquier respuesta sincera que recibas, te hace ser más consciente de lo que sientes y de cómo te comportas, y te ayuda a conocer puntos débiles que merecen particular atención.

El objetivo final

Volvamos a la pregunta que planteaba en la introducción: ¿era Steve Jobs un hombre emocionalmente inteligente?

Es indudable que supo motivar e inspirar a muchos de sus colaboradores, lo mismo que a millones de consumidores de todo el planeta, incluso traspasando las barreras lingüísticas y culturales. Estas son señales de una excepcional sensibilidad social, así como de una gran capacidad de influencia, un aspecto clave para regular las relaciones interpersonales.

Pero ¿y el estilo de comunicación de Jobs, que indignó y mortificó a tantos otros? Era conocido por sus imprevisibles altibajos emocionales, y se le tenía por un tipo arrogante y narcisista. Su comportamiento hizo daño a mucha gente, incluida su familia y sus amigos íntimos.

El propio Jobs culpaba de ello a su falta de autocontrol. Cuando su biógrafo, Walter Isaacson, le preguntó por qué era a veces tan hiriente y despreciativo, contestó: «Soy así, y es inútil esperar que me comporte como alguien que no soy».[5] Pero Isaacson, que durante dos años pasó mucho tiempo con Jobs y que entrevistó a más de cien amigos, familiares, competidores y colegas del empresario, no opinaba lo mismo: «Si ofendía a alguien, no era por falta de conciencia emocional —escribió—. Al contrario: captaba a la perfección cómo era la persona que tenía delante, entendía hasta sus pensamientos más íntimos y sabía cómo relacionarse con ella y engatusarla u ofenderla a voluntad».

¿Habría cambiado Jobs su forma de ser en algún sentido si hubiera podido volver atrás y empezar de nuevo? Es imposible saberlo. Pero su historia encierra una lección importante, y es que la inteligencia emocional se manifiesta de maneras muy diversas. Además de decidir *qué* habilidades quieres desarrollar, has de elegir también *cómo* vas a utilizarlas.

Es importante entender que si entre la gente «tradicionalmente» inteligente hay distintos tipos de personalidad, lo mismo ocurre entre aquellos que poseen una gran inteligencia emocional. Y que ser por naturaleza directos o sutiles, extravertidos o introvertidos, empáticos o «ecpáticos» no determina nuestra inteligencia emocional.

Desarrollar perspicacia emocional significa identificar nuestras habilidades y tendencias naturales, conocer nuestros puntos fuertes y débiles. Significa aprender a entender y a regular todos esos rasgos y a sacarles el máximo provecho para poder percibir con exactitud cómo afectan las emociones a nuestros pensamientos, palabras y actos (y viceversa), y cómo afectan esas palabras y actos a los demás.

En lugar de ayudarte a elevar tu coeficiente emocional, mi objetivo es proporcionarte las estrategias que necesitas para poner en práctica la inteligencia emocional y que puedas alcanzar las metas que te has propuesto, cultivar una mentalidad de crecimiento y utilizar tus conocimientos de un modo que te enorgullezca y enorgullezca a los demás.

Eso es el CE aplicado: conseguir que las emociones actúen a tu favor, y no en tu contra.

2

Bajo control

Cómo ejercitar y perfeccionar tus habilidades emocionales

● ● ● ● ● ● ● ● ● ● ●

Nuestras emociones son esclavas de nuestros pensamientos, y nosotros somos esclavos de nuestras emociones.

Elizabeth Gilbert

El 15 de enero de 2009, el vuelo 1549 de la compañía US Airways despegó de Nueva York con destino a Charlotte, en Carolina del Norte. Para Chesley B. Sullenberger III, más conocido como capitán Sully, era un simple vuelo rutinario, uno más que añadir a los miles que había hecho en su larga carrera de piloto.

Pero antes de haber alcanzado los tres mil pies de altitud (apenas novecientos metros), Sullenberger y el copiloto, Jeff Skiles, vieron una bandada de gansos que volaba directamente hacia ellos. En menos de un segundo, las aves colisionaron con el avión y causaron graves daños a ambos motores.

«Cuando las aves chocaron contra el avión, fue como si nos azotara un aguacero o una granizada —dice Sullenberger—. Sonó como la tormenta más impresionante que nunca hubiera oído. Cuando me di cuenta de que se habían parado los motores, supe que aquel era el peor problema de aviación que me había encontrado jamás. Sentí una angustia, un vacío en la boca del estómago, un vértigo desconocidos».[1]

Se le agolparon los pensamientos —los dos primeros, enraizados en la incredulidad: «Esto no puede estar pasando» y «A mí no me pasan estas cosas»—, acompañados de una descarga de adrenalina y una subida de la tensión arterial. En los minutos siguientes, Skiles y él tendrían que tomar una serie de decisiones rápidas. Eran incontables los factores que debían tener en cuenta, pero no había tiempo para hablar demasiado de ellos ni hacer cálculos detallados. Las medidas de emergencia que normalmente se habría tardado varios minutos en poner en marcha debían ejecutarse en unos segundos.

Sullenberger, basándose en sus muchos años de experiencia, decidió que la única posibilidad de salvar a los ciento cincuenta pasajeros y cinco tripulantes era intentar algo que no había hecho nunca; en realidad, apenas si hay algún piloto al que se le haya enseñado a acometer semejante hazaña: trataría de amarar en el río Hudson.

Contra todo pronóstico, apenas doscientos ocho segundos después de que los motores recibieran el impacto, Sullenberger se armó de valor y consiguió que el avión se posara con relativa suavidad en el río, cerca del centro de Manhattan. Gracias a la acción colectiva del capitán, el copiloto, el controlador aéreo, los asistentes de vuelo y las decenas de embarcaciones que acudieron rápidamente, los ciento cincuenta pasajeros y la tripulación sobrevivieron. El acontecimiento se conoce desde entonces como el «milagro del río Hudson».

Echando la vista atrás, Sullenberger recuerda lo que sintió igual que si acabara de ocurrir: «Notaba en el cuerpo toda clase de sensaciones —explica—. Sentí una descarga de adrenalina, y estoy seguro de que se me dispararon el pulso y la tensión arterial. Pero, a la vez, sabía que tenía que concentrarme en lo importante y no dejar que las sensaciones me distrajeran».

Para muchos millones de personas de todo el mundo, lo que hizo Sullenberger aquel día de invierno fue una proeza sobrehumana, un asombroso acto de heroísmo. ¿Cómo consiguieron mantener las emociones bajo control el capitán, el copiloto y el controlador aéreo, y obrar este «milagro»?

La respuesta no está en aquellos momentos extraordinarios, sino en los años de formación, de prácticas y de experiencia que los precedieron.

Años de preparación

Que la iniciativa de Sullenberger en aquellas circunstancias insólitas fuera un éxito no es una coincidencia. Un vistazo rápido a su currículum indica las competencias adquiridas a lo largo de los años: fue piloto de aviones de combate en las Fuerzas Aéreas estadounidenses, y piloto de aviación comercial durante casi treinta años; además, investigó accidentes aéreos y, como instructor de vuelo, enseñó a muchos tripulantes a responder en situaciones de crisis. «Creo que, en muchos sentidos, mi vida entera había sido una preparación para saber actuar en aquel momento», le dijo a la periodista Katie Couric en una entrevista.[2] El «milagro del río Hudson» ilustra el poder que tienen las dos primeras habilidades de la inteligencia emocional: la consciencia de uno mismo y la regulación de las emociones. En aquel momento angustioso, Sullenberger demostró una consciencia de sí mismo excepcional: fue capaz de reconocer y entender la reacción emocional y física que experimentaba su cuerpo. Acto seguido, demostró un autocontrol asombroso (aspecto clave de la regulación de las emociones), ya que fue capaz de imponer su voluntad a la situación.

Couric le preguntó si le había costado mucho sobreponerse a una reacción fisiológica tan fuerte y hacer que reinara la calma. La respuesta de Sullenberger fue bastante inesperada. Dijo: «No. Solo me hizo falta un poco de concentración».

Aunque es posible que nunca te encuentres en circunstancias como estas, *se te presentarán* sin duda situaciones críticas, y el hecho de que seas o no capaz de tener conciencia de ti mismo y autorregularte influirá poderosamente en las decisiones que tomes en esos momentos. Pero ¿qué puedes hacer para desarrollar esas habilidades?

Todo empieza por la preparación.

Ese es el propósito de este capítulo: presentarte las tácticas y métodos que te ayudarán a aumentar la conciencia de ti mismo y a regular con destreza las emociones. Te mostraré que hacerte las preguntas adecuadas y expandir el vocabulario emocional puede ayudarte a saber más de ti, y a continuación te enseñaré a usar esos conocimientos a tu favor. Luego, te explicaré la importancia de que en momentos de intensa emoción te centres en los pensamientos y te contaré un truco mnemotécnico que te ayudará.

Piensa y reflexiona

Para desarrollar la inteligencia emocional, el primer paso es ser conscientes de nosotros mismos. Tendemos a pasarnos la vida reaccionando, sin pararnos nunca un instante a preguntarnos por qué respondemos de determinada manera, lo cual reduce, obviamente, el control que podemos tener sobre nuestros actos y tendencias.

Una de las mejores maneras de empezar a tener más conciencia de nosotros mismos es formularnos las preguntas oportunas. Hacerlo amplía nuestra perspectiva y nos ayuda a vernos a través de los ojos de los demás, además de darnos la posibilidad de conocer y comprender sus procesos de pensamiento y sentimiento.

Como te decía en el capítulo anterior, puedes aprender mucho de ti haciéndote una sola pregunta: «¿En qué situaciones actúan las emociones en mi contra?». Estas son algunas otras preguntas que puedes formularte o formular a tu persona de confianza:

- ¿Cómo definiría (o definirías) mi forma de comunicarme? ¿Soy directo? ¿Descarado? ¿Claro? ¿Ambiguo? ¿Sutil? ¿Diplomático? ¿Cómo describirían otras personas mi estilo de comunicación?
- ¿Qué efecto tiene en los demás mi forma de comunicarme?
- ¿Cómo definiría (o definirías) la forma en que tomo las decisiones? ¿Suelo tomar decisiones con rapidez o me cuesta tomarlas? ¿Qué factores me influyen?
- ¿Cómo afecta mi estado de ánimo a lo que pienso y a las decisiones que tomo?
- ¿Cómo calificaría (o calificarías) mi autoestima y mi seguridad en mí mismo? ¿Cómo me influyen la autoestima y la seguridad en mí mismo a la hora de tomar decisiones?
- A nivel emocional, ¿cuáles son mis puntos fuertes? ¿Y mis puntos débiles?
- ¿Soy receptivo a otros puntos de vista? ¿Me dejo influir con demasiada facilidad por lo que otros piensan?
- ¿Debería ser más escéptico o menos? ¿Por qué?
- ¿Tiendo a fijarme sobre todo en los rasgos positivos de los demás o en los negativos?
- ¿Qué características de otras personas me inquietan? ¿Por qué?
- ¿Suelo conceder a los demás el beneficio de la duda? ¿Por qué, o por qué no?
- Cuando me equivoco, ¿me cuesta admitirlo? ¿Por qué, o por qué no?

Este es solo un pequeño ejemplo. La finalidad de estas preguntas no es que te sientes y las respondas todas detalladamente una tras otra, sino que cultives una actitud de aprendizaje. Hacerte estas preguntas te servirá de inspiración para formular otras nuevas, lo cual te llevará a descubrir muchos detalles de ti y de cómo te influyen las emociones.

> **PRUEBA ESTO:** Saca un poco de tiempo esta semana para responder a unas cuantas de las preguntas anteriores. Evita dar respuestas superficiales. Reflexiona, e indaga en ti con seriedad; dedícale al menos cinco minutos a cada pregunta (te será más provechoso anotar las respuestas, en lugar de simplemente pensarlas). Comprueba si se te ocurren más preguntas sobre tus sentimientos a las que te gustaría contestar. Después, la próxima vez que tengas una fuerte reacción emocional, pregúntate por qué has actuado de esa manera y qué más puedes aprender de la experiencia.

El vocabulario emocional

Una mañana, te despiertas con un dolor muy fuerte que nunca antes habías sentido, y decides ir al médico. Nada más recibirte, el médico te pide que describas el dolor. Dependiendo de lo que sientas, las palabras que utilizarás serán: agudo, sordo, ardiente, punzante, intenso, espasmódico, persistente, insoportable, penetrante, palpitante, o dirás que te produce náuseas o hipersensi-bilidad. Cuanto más preciso seas al describirlo, más fácil le resultará al médico hacer un diagnóstico y recetarte el tratamiento adecuado.

En el caso de las emociones, ocurre algo parecido: si empleas palabras precisas para describir lo que sientes, podrás hacer un «diagnóstico» más acertado de esos sentimientos y entender mejor de dónde vienen y por qué. Las palabras adecuadas pueden ayudarte a llegar a la raíz de lo que sientes, y te permitirán contarlo de un modo que los demás entiendan.

Supongamos, por ejemplo, que acabas de llegar a casa después de un largo día de trabajo y, al cabo de un rato, surge una discusión con tu pareja. Te pregunta por qué estás de tan mal humor, y tú no sabes con seguridad cuál es el motivo. Podrías decir que estás enfadado o disgustado, pero después de pensarlo unos instantes, reconoces que te sientes herido, o traicionado. ¿Por qué? Por un comentario sarcástico que te hizo tu pareja por la mañana. En su momento no dijiste nada porque pensabas que se te pasaría, pero ahora es obvio que te ha afectado más de lo que imaginabas. Una conversación sincera podría servir para que tu pareja entienda lo mucho que te han herido sus palabras, o para comprender mejor los sentimientos que te provoca determinada situación.

> **PRUEBA ESTO:** La próxima vez que tengas una fuerte reacción emocional, dedica un poco de tiempo a procesar después no solo lo que sientes, sino por qué. Intenta poner los sentimientos en palabras, cuanto más precisas mejor. Luego decide qué quieres hacer al respecto.

Concentra la atención en controlar los pensamientos

Las emociones tienen una influencia enorme en cómo nos comportamos. Por eso la autorregulación —la habilidad para regular los sentimientos y controlar las reacciones— es tan importante.

Cuanto más capaz seas de controlar tus impulsos, más posibilidades tendrás de hacer que tus actos estén en consonancia con tus principios. Esto te ayudará a desarrollar cualidades como la determinación y la resistencia, que aumentarán tu eficacia a la hora de lograr cualquier objetivo. Además, la capacidad de autorregularte no se traduce solo en evitar acciones que luego podrías lamentar; significa también encontrar la manera de motivarte a hacer acopio de fuerzas y actuar cuando no sea fácil.

¿Cómo puedes desarrollar, por tanto, el control necesario para hacer que las emociones actúen a tu favor, y no en tu contra?

Teniendo en cuenta que las emociones son casi instintivas, no podrás controlar cómo te sientes en un momento dado. Pero sí puedes controlar cómo *reaccionas* a esos sentimientos si prestas mucha atención a los pensamientos que te asaltan.

Esto no significa que puedas impedir que aparezcan. Todos hemos tenido pensamientos de los que no estamos precisamente orgullosos, y son muchos los factores que nos influyen y que escapan a nuestro control, entre ellos nuestra configuración genética y el ambiente en el que crecimos. Sin embargo, como alguien dijo, quizá no puedas impedir que un pájaro se te pose en la cabeza, pero puedes evitar que haga un nido en ella.

La conciencia de nosotros mismos y la autorregulación están interconectadas. Una vez que hayas desarrollado cierto grado de conciencia de ti mismo, lo normal es que te des cuenta de cuándo empiezan las emociones a arremolinarse fuera de control. Podríamos comparar la capacidad de dirigir los pensamientos en este tipo de situaciones con el mando de tu reproductor multimedia favorito. Al igual que los botones del mando te resultan muy útiles cuando estás viendo una película o escuchando música, los métodos que te propongo a continuación son de gran utilidad para regular las reacciones emocionales.

1. Pausa

El botón de «pausa» es el más importante de todos en el «mando» del control emocional. Pulsar este botón significa pararte a pensar antes de hablar o actuar, lo cual puede salvarte de decir o hacer algo que después tal vez lamentarías.

Pero la pausa no solo es eficaz cuando nos encontramos en situaciones conflictivas. Con frecuencia, nos precipitamos a atrapar cualquier oportunidad tentadora sin la debida reflexión previa. ¿Te has dado cuenta alguna vez de que tiendes a gastar en exceso cuando estás de buen humor (o de mal humor, quizá)? Haz uso de la pausa para detectar cuál es tu estado de ánimo y decidir si realmente quieres eso que estás a punto de comprar, o si después te vas a arrepentir.

Hay maneras muy diversas de utilizar la pausa, y puedes practicarla de modo distinto dependiendo de las circunstancias. Cuando estés enfadado, puede ser una ayuda contar hasta diez en silencio. Otras veces, tal vez lo mejor sería sencillamente marcharte y dejar atrás la situación.

Hacer una pausa es fácil en teoría, y difícil en la práctica. Incluso aunque hayas desarrollado un considerable autocontrol, hay factores añadidos, como el estrés o haber tenido un mal día, que quizá te impidan detenerte en el momento preciso. Por eso es importante que te entrenes con regularidad en el uso de la pausa. Con el tiempo, te habrás creado el hábito de pararte a reflexionar y será una reacción automática.

➤ **PRUEBA ESTO:** Si notas que estás empezando a responder con emocionalidad a una situación dada, haz una pausa. Si es posible, ve a caminar un rato. Una vez que te hayas calmado, vuelve y decide cómo quieres zanjar la cuestión.

2. Volumen

En cualquier interacción, tu interlocutor reaccionará generalmente con el mismo talante o tono que tú elijas. Si razonas y hablas tranquilamente, responderá de un modo parecido. Si chillas y te pones hecho una furia, se pondrá hecho una furia y empezará a chillar también.

Por eso el volumen es un elemento importante: si necesitas mantener una conversación que tenga una fuerte carga emocional, mantén la calma y habla con serenidad.

> **PRUEBA ESTO:** Si la conversación empieza a subir de tono, esfuérzate por hacerla volver a su cauce relajando el tono o incluso bajando la voz. Te sorprenderá ver que tu interlocutor sigue tu ejemplo.

3. Silencio

Si la interacción se vuelve demasiado emocional y no tienes la posibilidad de ausentarte unos minutos, quizá necesites pulsar el botón de «silencio», es decir, dejar de hablar.

Este es un método útil porque, en ese preciso momento, que expreses tu punto de vista no va a ayudar a resolver nada; al contrario, normalmente solo empeorará las cosas. Al pulsar el botón de silencio, dejas que el otro exprese sus sentimientos sin interrupciones.

Claro está que no es fácil quedarnos sentados y escuchar sin abrir la boca la perorata o las críticas de esa persona. ¿Cómo lidiamos con nuestras emociones en esos momentos?

➤ **PRUEBA ESTO:** Respira hondo y recuérdate que tanto tu estado de ánimo como el de tu interlocutor son temporales. No olvides que mucho de lo que diga en estas circunstancias puede ser exagerado o demasiado vehemente; resiste la tentación de contestarle de la misma manera. En muchos casos, una vez que haya dicho todo lo que quería decir, se calmará. Como tú estás en modalidad «silencio», asegúrate de...

4. Grabar

Grabar es escuchar con concentración, con la intención de conocer más a fondo la perspectiva de tu interlocutor. En otras palabras, no escuches para discurrir mejor cómo vas a contestar; escucha para comprender.

➤ **PRUEBA ESTO:** Mientras escuchas a la otra persona, resiste la tentación de juzgarla, darle ningún consejo o ni tan siquiera intentar detectar posibles problemas ocultos e idear cómo resolverlos.

Estate atento solo a recoger información. El objetivo es entender: saber mejor qué piensa tu interlocutor de ti en ese momento, qué piensa de sí mismo y qué piensa de la situación. Si escuchas atentamente, quizá descubras aspectos del otro que no conocías o habías malinterpretado, o malentendidos esenciales entre vosotros de los que nada sabías.

5. Rebobinar

Las discusiones con fuerte carga emocional tienen a menudo sus raíces en antiguos problemas no resueltos. Si no les hacemos frente de una vez por todas, lo más probable es que sigan apareciendo en el momento menos pensado. Por eso, no deberías hacer una pausa o pulsar el botón de silencio con la intención de que todo se olvide. Utiliza el botón de «rebobinado» para volver al tema en otro momento, una vez que todas las partes hayan tenido tiempo de serenarse.

> **PRUEBA ESTO:** Antes de volver a un tema delicado, piensa detenidamente cuándo y dónde tratarlo para que el diálogo sea tranquilo y racional.

También es importante saber cómo reabrir el tema; por ejemplo, empezando con una disculpa o una expresión de gratitud.

Asimismo es posible que reconocer abiertamente los puntos en los que estáis de acuerdo tu interlocutor y tú lo ayude a bajar la guardia y esté entonces más receptivo a tus palabras.

6. Avance rápido

Pulsar el botón de «avance rápido» hasta llegar a la escena final puede arruinarnos una película, pero es un mecanismo extremadamente útil a la hora de lidiar con las emociones. Si estás en un momento de gran tensión emocional, párate un instante y haz un avance rápido para ver las posibles consecuencias de tus actos, a corto y a largo plazo.

Imagina, por ejemplo, que una colega lleva años demostrando un interés sentimental hacia ti, a pesar de que le has expresado con claridad que estás feliz en tu relación de pareja y no sientes lo mismo que ella. Pero un día, después de una fuerte discusión con tu pareja, cambias de idea. De repente, sus insinuaciones te resultan halagadoras y tentadoras.

Ha llegado la hora de hacer un avance rápido. Olvida lo que sientes en estos momentos y pregúntate: ¿cómo te afectará dentro de un mes lo que ahora decidas? ¿Y dentro de un año? ¿Y de cinco? Piensa en los efectos que tendrán tus actos en tu pareja, en los miembros de tu familia, en tu conciencia e incluso en el trabajo.

> **PRUEBA ESTO:** Si la emoción te nubla el entendimiento, párate y pulsa el botón de avance rápido. Prever las posibles consecuencias de una acción puede darte la claridad que necesitas y ayudarte a tomar decisiones sensatas de las que te sientas orgulloso.

7. Un tráiler (solo cinco minutos)

Aunque no siempre te sientas motivado a dedicar noventa minutos o más a ver una película sobre la que no sabes nada, probablemente estés dispuesto a ver un tráiler que te ayude a hacerte una idea. Igualmente, en el contexto de las emociones, un tráiler puede motivarnos a hacer algo y ayudarnos a combatir la tendencia a posponer las tareas pendientes. Cinco minutos de avance (o preestreno) de una tarea pueden convencer a la mente de que vale la pena llevarla a cabo.

«Tráiler» es otra forma de referirnos a un viejo truco de la terapia cognitivo-conductual conocido como «la regla de los cinco minutos». Así es como funciona: oblígate a dedicar a una tarea cinco minutos solamente, previo acuerdo contigo mismo de que al cabo de ese tiempo puedes dejarla si lo deseas. La mayoría de las veces, por supuesto, te sentirás inspirado a seguir. La técnica del tráiler funciona porque, a menudo, lo que más nos cuesta de una tarea importante es decidirnos a empezar.

«Nos asusta la idea imprecisa de una tarea de cierta magnitud precisamente por su magnitud e indefinición, y porque nos preocupa que podamos tardar dos horas o dos días en ponerle fin», explica la psicóloga Andrea Bonoir.[3] Sin embargo, vencer las barreras psicológicas que nos impiden iniciar algo nos da el impulso y la energía necesarios, y una vez que arrancamos es mucho más fácil que tengamos ganas de seguir trabajando en ello.

➤ **PRUEBA ESTO:** Si te está costando encontrar la motivación para iniciar una tarea, dedícale de entrada solo cinco minutos.

El truco de tres segundos que puede salvar una relación

Ya hemos visto que hacer las preguntas adecuadas puede ayudarte a ser más consciente de ti mismo y que pulsar el botón de pausa te da la oportunidad de tomar decisiones más sensatas. Vamos a combinar ahora estos dos métodos para que veas que formularte la pregunta oportuna en el momento adecuado te puede ayudar a regular con eficacia una reacción emocional.

Durante años, la tendencia a responder demasiado rápido, sin pensar bien lo que iba a decir, me causó bastantes problemas. Para contrarrestar de algún modo aquella inclinación a precipitarme, empecé a usar el método de las tres preguntas, que me llegó por una vía inesperada. Hace años, en una entrevista, el humorista Craig Ferguson hizo una recomendación. Dijo:

> Hay tres cosas que uno debe preguntarse siempre antes de decir nada:
> * ¿Hace falta que diga esto?
> * ¿Hace falta que esto lo diga yo?
> * ¿Hace falta que diga yo esto justo ahora?

Con la práctica, uno tarda solo unos segundos en hacerse mentalmente estas preguntas. (Bromeando, Ferguson decía que había necesitado tres matrimonios para aprender la lección).

En mi caso, este rápido diálogo mental conmigo mismo ha sido la salvación. En más de una ocasión, me ha evitado decir algo de lo que muy pronto me habría arrepentido, lo mismo en casa que en el trabajo. Lo bueno, además, es que no me disuade de hablar cuando hablar es lo más oportuno; hay veces en que la respuesta a las tres preguntas es un rotundo sí, aunque lo que tenga que decir me incomode o incomode a mi interlocutor. En esas ocasiones, este método me permite hablar con confianza y firmeza, porque sé que estoy haciendo lo adecuado.

Pero es posible que tú tengas la inclinación contraria. Si por naturaleza tiendes a titubear sobre si expresar o no tu opinión, lo último que necesitas es disuadirte de manifestar lo que piensas. En ese caso, puedes usar la siguiente pregunta para regular tu respuesta emocional: «Si no digo esto ahora, ¿lo lamentaré después?».

Son solo dos ejemplos. La clave está en usar, antes que nada, preguntas y reflexiones para conocer mejor tus hábitos y tendencias. Una vez que tengas más conciencia de cómo eres y cómo te comportas, puedes idear tú mismo otras preguntas que te ayuden a mantener las emociones en equilibrio

> **PRUEBA ESTO:** Dedica un poco de tiempo a examinar cuál es tu forma habitual de comunicarte. ¿Eres propenso a meter la pata, a comprometerte precipitadamente o a decir cosas que luego lamentas haber dicho? O, por el contrario, ¿eres propenso a quedarte callado, y después lamentas no haber dicho lo que pensabas?

Prueba a usar las preguntas de la página 49 (u otras que se te ocurran) para aprender a regular tus emociones y poder actuar luego en consonancia.

Nunca tomes una decisión irreversible basándote en una emoción pasajera.

Cómo regular los estados de ánimo

Ira, frustración, miedo, envidia, tristeza, repulsión... Todos tenemos emociones negativas, que indudablemente pueden resultar perjudiciales si no las controlamos.

A veces, pueden ser indicio de un problema fisiológico. ¿Tienes hambre? Una bajada del nivel de azúcar en sangre puede provocarte de repente un humor de perros, pero afortunadamente un bocado rápido te ayudará a volver a la normalidad. ¿Duermes lo suficiente? Los estudios han demostrado que la falta de sueño puede afectar seriamente a nuestra capacidad para regular las reacciones emocionales.[4]

En ocasiones, no obstante, podemos sacar provecho de una emoción negativa, si aprendemos a canalizarla para sacarle el máximo partido. He aquí dos formas de hacerlo.

1. Utiliza las emociones negativas como catalizador para el cambio

En su libro *Agilidad emocional*, la psicóloga y profesora de la Universidad de Harvard Susan David explica que, en realidad, ese tipo de sentimientos acaba haciéndonos ir más despacio, pararnos a pensar, prestar más atención a los detalles sutiles en lugar de basarnos en conclusiones precipitadas:

> Los estados de ánimo negativos inducen a un estilo de pensamiento más atento y ventajoso que nos lleva a examinar de verdad los hechos desde una perspectiva nueva y creativa. Cuando estamos demasiado alegres, tendemos a no dar importancia a detalles que podrían indicar un serio peligro [...] Es cuando estamos un poco deprimidos o contrariados cuando solemos mirar las cosas con calma y profundizar en ellas. Por lo general, los estados de ánimo negativos nos hacen ser menos ingenuos y más escépticos, mientras que la gente de naturaleza más festiva suele aceptar con facilidad cualquier respuesta y se fía de las sonrisas falsas.[5]

Para poder sacarles partido a las emociones negativas, antes tienes que decidir qué vas a hacer con ellas.

Por ejemplo, David habla de cuando su trabajo de *coach* la obligó a empezar a viajar por el mundo para ofrecer asesoramiento a sus clientes. Estando sentada en la habitación de un hotel de lujo con unas vistas espectaculares y disfrutando del servicio de habitaciones, tuvo de repente un sentimiento inesperado: un sentimiento de culpa.

No podía evitar pensar que, mientras ella disfrutaba de su libertad, su marido estaba en casa cuidando de los niños:

> Me he dado cuenta de que el sentimiento de culpa puede ayudarme a establecer las prioridades y, a veces, a reorganizarme. El sentimiento de culpa que me asalta mientras viajo me indica que echo de menos a mis hijos y que me importa mucho mi familia. Me recuerda que mi vida va en la dirección correcta cuando paso más tiempo con ellos. Ese sentimiento de culpa es una flecha parpadeante que apunta hacia mis seres queridos y hacia la vida que quiero llevar.

2. Utiliza las emociones negativas para intensificar la atención

De entrada, deberás reclasificar los sentimientos y encauzarlos hacia una acción positiva.

Lisa Feldman Barrett, neurocientífica y profesora de Psicología en la Universidad del Nordeste, en Boston, explica una manera de hacerlo en su libro *La vida secreta del cerebro: cómo se construyen las emociones*. Si antes de emprender una actividad notas que estás nervioso, su consejo es que reclasifiques esa sensación, y en lugar de entenderla como una ansiedad dañina y decirte: «¡No, estoy perdido!», la veas como una expectación que puede ser beneficiosa: «¡Estoy lleno de energía y listo para empezar!».

Los estudios han demostrado la eficacia de esta técnica. Por ejemplo, dos estudiantes que se presentaron a un examen de matemáticas tuvieron una puntuación más alta cuando redefinieron la ansiedad que sentían como una señal de que su cuerpo asumía el reto al que se enfrentaban.[6] En otro estudio, varios individuos debían realizar una lista de actividades, entre ellas cantar en un karaoke y hablar en público. Las instrucciones que se les dieron fueron que, antes de empezar a cantar o a hablar, se dijeran o «estoy nervioso» o «estoy entusiasmado», o bien no se dijeran nada. Los participantes «entusiasmados» cantaron mejor, hablaron con más confianza y fueron más persuasivos que sus contrincantes.[7]

Otras veces, los sentimientos negativos pueden estar motivados por una situación temporal, y en ese caso no tendrás más remedio que encontrar la forma de sobrellevarlos.

Mira, por ejemplo, lo que le pasó hace poco a mi amiga Julia. Es terapeuta clínica, y su trabajo consiste en ayudar a los demás a tratar con eficacia las emociones negativas; sin embargo, un día en que se sentía francamente mal, tuvo serias dificultades para hacerlo ella misma. Todo empezó cuando, terminadas las compras, estaba haciendo cola a la salida del aparcamiento, con su hija de cuatro años sentada en el asiento trasero, y el coche de delante dio marcha atrás y chocó contra el suyo. Como consecuencia, a última hora de la tarde tuvo que pasarse hora y media al teléfono dando explicaciones a la compañía de seguros al tiempo que intentaba acostar a sus hijos.

Cuando por fin lo tuvo todo organizado y preparado para el día siguiente y estaba a punto de irse a la cama, se atascó el retrete, y su marido y ella estuvieron despiertos hasta la una y media de la madrugada intentando desatascarlo. Finalmente, a las dos de la madrugada, consiguió meterse en la cama, agitada, «desestabilizada». «A veces tengo un mal día y soy capaz de reírme de lo que esté pasando y seguir adelante —me dijo—. Pero ese día no. Ese día, todo me superaba. Sabía, por otro lado, que compadecerme o culparme o criticarme aquella noche por haber caído en la negatividad no me iba a ser de ninguna ayuda. Así que, en lugar de echar más leña al fuego y ser implacable conmigo por haber dejado que una serie de episodios relativamente poco importantes me hubieran desestabilizado, respiré hondo, admití lo que sentía y lo acepté, y me recordé que aquellos sentimientos, como todo lo demás, iban a ser temporales y que saldría del bache».

Julia admitió que los sentimientos no desaparecieron del todo, pero tampoco se apoderaron de ella por completo. «Unos días son más difíciles que otros. Sencillamente es así; a todos nos pasa. Así que, en lugar de luchar contra la realidad, o contra nosotros, se trata de reconocer y aceptar que somos humanos y tenemos sentimientos de todo tipo, que ninguno de ellos es permanente y que no somos raros ni desastrosos ni somos una calamidad por tenerlos. Somos sencillamente humanos».

Reconocer, aceptar y examinar con atención sus sentimientos le permitió a Julia transformar lo «emocional» en «emocionalmente inteligente».

> **PRUEBA ESTO:** Si te ves enfrentado a una emoción negativa, pregúntate: «¿Qué me está diciendo este sentimiento? ¿Puedo utilizar esta emoción para motivarme a cambiar algo? O ¿soy capaz de encontrar la manera de sobrellevar lo que siento hasta que acabe el día, con la confianza de que mañana todo irá mejor?».

Seis maneras sorprendentes de cultivar la inteligencia emocional

Los estudios han revelado que algunas de nuestras actividades recreativas favoritas pueden hacernos más capaces de comprender y regular las emociones. Estas son seis formas sorprendentes (y placenteras) de aguzar tu inteligencia emocional:

1. Ver películas

Si te gusta el cine, te habrás dado cuenta de las respuestas emocionales que puede inspirar una buena película: desde despertar simpatía por un personaje que sufre alguna deficiencia grave hasta sentir cómo te eleva el ánimo un argumento inspirador.

Así que la próxima vez que veas una película, dedica luego unos momentos a reflexionar sobre lo que has sentido al ver distintas escenas. Pregúntate: «¿Qué efecto ha tenido en mí esta película, y por qué?». Te ayudará a entender mejor tus reacciones emocionales.

2. Escuchar música

La música tiene una poderosa influencia en nuestras emociones. La próxima vez que empiece a sonar tu lista de reproducción, presta atención a los sentimientos que te inspira cada canción, e intenta descubrir por qué evoca eso en ti cada una de ellas.

3. Leer

Varios estudios recientes han mostrado que leer obras de ficción tiene un efecto muy singular en la mente. A medida que te adentras en el relato, se expande la imaginación y eres capaz de ponerte en la piel de los personajes, de entender lo que piensan, lo que sienten, lo que los mueve a actuar. Esto te ayuda a desarrollar una empatía que luego podrás usar en la vida cotidiana.[8]

4. Hacer ejercicio y practicar algún deporte

En un análisis sistemático de treinta y seis estudios sobre la inteligencia emocional en el contexto del deporte y las actividades físicas, se ha descubierto la correlación que hay entre una inteligencia emocional desarrollada y una mejor respuesta al estrés físico y psicológico, así como una actitud más positiva a la hora de enfrentarse a las actividades físicas.[9]

Los autores del artículo aseguraban, además, que los individuos que se enfrentaban habitualmente al rigor de los entrenamientos y a la presión competitiva del deporte demostraban con ello una capacidad para entender y regular sus emociones y las de sus compañeros.

5. Escribir

Cada vez son más los estudios que sugieren que escribir, especialmente sobre sucesos traumáticos o con fuerte carga emocional, actúa a modo de catarsis y contribuye en numerosos sentidos a nuestra salud emocional.[10]

6. Viajar

Como ha mostrado un estudio reciente, un viaje prolongado puede favorecer notablemente la estabilidad emocional, sacarnos de nuestra «zona de confort» y alentar la amplitud de perspectiva.[11]

Sin prisa pero sin pausa

Hoy en día el capitán Sully aún insiste en que no es un héroe. En su autobiografía escribe:

Como [mi esposa] suele decir, un héroe es aquel que arriesga la vida entrando en un edificio en llamas. El vuelo 1549 fue distinto, ya que nos vino impuesto a mi tripulación y a mí. Hicimos lo que pudimos, recurrimos a la experiencia, tomamos decisiones acertadas, no nos rendimos, y conseguimos un buen resultado. No creo que la palabra *heroico* signifique eso. Yo diría más bien que teníamos una filosofía de vida y la aplicamos a todo lo que hicimos aquel día, y a todo lo que hicimos infinidad de días antes de aquel.

Con la debida preparación, es posible aplicar la misma filosofía al desarrollo de la conciencia de nosotros mismos y la regulación de las emociones.

En este capítulo, te he hablado de algunos ejercicios que pueden usarse para fortalecer los «músculos» emocionales. Al igual que los deportistas tienen que aprender la técnica precisa para poder destacar en sus deportes respectivos, a nosotros nos toca ejercitar las capacidades emocionales, reconociendo el poder que tienen nuestras emociones y cómo dirigirlas de un modo que nos beneficie. Ahora bien, lo mismo que se tarda tiempo en dominar las técnicas de entrenamiento físico, tenemos que ser pacientes cuando nos proponemos perfeccionar estas capacidades mentales y emocionales.

De entrada, céntrate solo en uno o dos de los métodos cada vez. Fija una hora para sentarte a reflexionar utilizando las preguntas que he sugerido; luego, busca oportunidades de incorporarlos a la actividad diaria, y, por último, como los deportistas, deberás practicarlos repetidamente hasta que los hayas interiorizado y se conviertan en un hábito, en una respuesta natural.

Cuando tengas cierta destreza y experiencia, podrás combinar distintas técnicas y métodos para conseguir auténticas proezas emocionales; serás capaz de transformar las más fuertes de entre tus emociones, y si antes eran una fuerza destructiva, lograr que actúen ahora en favor del bien.

Y aunque quizá no te consideres un héroe, tal vez consigas salir airoso de la situación por comprometida que sea.

3

Un animal de costumbres

Cómo influyen en tus emociones los pensamientos y los hábitos

● ● ● ● ● ● ● ● ● ● ● ● ● ●

Vigila tus pensamientos, pues se convierten en palabras;
vigila tus palabras, pues se convierten en actos;
vigila tus actos, pues se convierten en hábitos;
vigila tus hábitos, pues determinan tu carácter;
vigila tu carácter, pues determina tu destino.

Frank Outlaw

Un día, sentado en un banco del parque disfrutando de los rayos del sol, observas a un joven padre (lo llamaremos James) que está jugando con sus hijos pequeños.

En el teléfono móvil de James, suena la señal de que ha recibido un mensaje. Durante los siguientes minutos, James desvía la atención: ahora está ocupado leyendo y respondiendo un correo electrónico del trabajo. Sus hijos se impacientan; le suplican a papá que siga jugando con ellos. «Dadme un segundo», dice él con los ojos fijos en el móvil. Los niños insisten, en un tono de voz cada vez más alto: «Papá... Papá... Papá...».

De repente, James grita molesto: «OS HE DICHO QUE ESPERÉIS UN SEGUNDO». Durante un instante, el padre afectuoso y tranquilo se transforma. A sus hijos, su grito les infunde miedo y empiezan a llorar. Él inmediatamente guarda el teléfono y se agacha a consolarlos, lamentando haberlo sacado siquiera.

Al día siguiente, el episodio se repite.

Algo parecido le sucede a una mujer llamada Lisa. Camina en dirección a la estación de metro, deseando llegar a casa después de un largo día de trabajo. De repente, la distraen los carteles de rebajas colgados en el escaparate de su tienda favorita, y se hace la promesa de que va a entrar solo «a echar un vistazo», consciente de que no puede permitirse comprar nada. Unos minutos después, ve un par de zapatos que son una verdadera ganga, pero sabe al mismo tiempo que está endeudada y que la factura de la tarjeta de crédito ha ido en constante aumento los últimos meses.

«Es la última vez», se dice, mientras la cajera desliza la banda magnética de la tarjeta por el lector.

Luego está Steve. Después de pasar años intentando dejar de fumar, por fin lo está consiguiendo. Lleva un mes alejado de la nicotina, y el deseo de fumar es cada vez más débil. Pero en el trabajo hoy ha sido un día agotador, y, después de una conversación telefónica particularmente difícil con su jefe, Steve saca a hurtadillas el paquete de tabaco que su amigo tiene escondido, toma un cigarrillo y se marcha. En cuanto lo enciende, se siente culpable.

Lo más probable es que te sientas identificado al menos con uno de estos casos. Por mucho que las circunstancias y tentaciones particulares de cada individuo sean diferentes, los patrones de comportamiento suelen ser similares, y todos nos llevan a una única conclusión que no podemos ignorar, y es que hábito y emoción están íntimamente conectados.

La realidad de la vida

En materia de reacciones emocionales, todos cometemos fallos en algún momento. Quizá hayamos incorporado el botón de pausa a nuestra cotidianidad, pero, aun así, seguimos enviando ocasionalmente un mensaje de correo electrónico que al cabo de unos instantes desearíamos no haber enviado; o nos esforzamos por escuchar y respetar puntos de vista contrarios a los nuestros, hasta que uno de ellos pone en entredicho alguna de nuestras más firmes convicciones.

Con estos ejemplos quiero que entiendas lo difícil que puede ser desarrollar autocontrol, es decir, la capacidad para manejar los pensamientos, las palabras y los actos, sobre todo en mitad de situaciones que tengan una fuerte carga emocional.

Los pasos para dominar una técnica o competencia suelen ser los siguientes: aprendemos la teoría; procuramos aplicar lo que hemos aprendido; a base de práctica, empezamos a progresar, y, con el tiempo, alcanzamos un alto nivel de competencia. Indudablemente, siempre cabrá la posibilidad de seguir mejorando, pero, al mirar atrás, vemos señales muy claras del avance que hemos conseguido. No eres Jimi Hendrix, pero sin duda tocas la guitarra mucho mejor que hace un año.

Desarrollar autocontrol es un proceso más lento, y más abundante en traspiés. Al cabo de un tiempo, empezamos a ver cierta mejoría; luego, una situación de gran intensidad emocional nos pilla desprevenidos y decimos algo de lo que pronto nos arrepentimos, lo cual nos desalienta por completo y nos hace volver rápidamente a los malos hábitos.

Pero ¿por qué es tan difícil cultivar el autocontrol? ¿Es que somos simples víctimas condenadas a repetir irreflexivamente los mismos comportamientos toda la vida?

En este capítulo, voy a contarte algunos detalles de la programación emocional del cerebro; voy a explicarte qué relación tiene con la «mentalidad de crecimiento», de la que ya hemos hablado, y a exponer el proceso del cambio de hábitos. También me adentraré en los peligros del «secuestro emocional» y te enseñaré a escapar de él. Por último, examinaremos la diferencia entre el comportamiento proactivo y reactivo y te mostraré cómo el primero puede transformar y moldear el segundo.

Gracias a todo ello descubrirás que, aunque cambiar los hábitos de toda una vida no sea precisamente fácil, *es* posible, y descubrirás también por qué vale la pena hacerlo.

La reconfiguración del cerebro

El cerebro humano es de una complejidad asombrosa, y los científicos hacen esfuerzos continuos por entender cómo funciona exactamente. Pero las investigaciones de los últimos tiempos han revelado una característica excepcional, y es su capacidad de cambio.

«Durante décadas, los neurocientíficos dieron por descontado que el cerebro adulto era esencialmente inalterable en cuanto a forma y funcionamiento —escribe el reconocido neurocientífico Richard Davidson en su libro *El perfil emocional de tu cerebro*—. Pero ahora sabemos que aquella idea de que el cerebro era estático e inmutable estaba equivocada. Lo cierto es que el cerebro tiene una propiedad que llamamos "neuroplasticidad", es decir, la capacidad de cambiar su estructura y los patrones de actividad de manera significativa. Ese cambio puede producirse en respuesta a las experiencias que tenemos o también a nuestros pensamientos».

¿Te das cuenta? Básicamente, debido a la plasticidad del cerebro —a su capacidad de cambio—, el hecho es que tenemos cierta autoridad sobre su «programación», por así decirlo. Por medio de la concentración y la acción dirigida, puedes aumentar el grado de control que tienes sobre tus reacciones y tendencias emocionales.

Esta idea concuerda con los descubrimientos de la profesora de Psicología de la Universidad de Stanford, Carol Dweck. Desde hace años, esta psicóloga ha estudiado el autoconcepto que utilizamos para dirigir nuestro comportamiento, motivarnos y autocontrolarnos.

Durante décadas de experimentación, ha demostrado que, por mucho que lleguemos a este mundo con talentos o aptitudes innatos, son la experiencia, la práctica y el esfuerzo deliberado los que pueden convertirnos en la persona que queremos ser. «En esta mentalidad [de crecimiento], las cartas que la vida nos ha repartido son solo el punto de partida para el desarrollo —explica Dweck en su libro *Mindset: la actitud del éxito*—. Todos podemos cambiar y crecer con aplicación y experiencia».

Pero en lo que respecta a las emociones, ¿*quieres* de verdad intentar controlar tu experiencia emocional?

Veamos unas cuantas circunstancias que muestran por qué deberías hacerlo.

Cómo escapar del secuestro emocional

¿Te has sentido alguna vez esclavo de tus emociones sin poder evitarlo, como si estuvieras programado para reaccionar de determinada manera a una serie concreta de circunstancias y no pudieras hacer nada al respecto?

Una de las razones por las que reaccionamos de un modo en particular es que estamos configurados para tener automáticamente determinada respuesta emocional ante determinados estímulos. Y esa reacción tiene que ver con la amígdala, esa parte del cerebro que se ha definido como nuestro procesador emocional.[1]

La amígdala es una compleja estructura situada en las profundidades del cerebro. Tiene forma almendrada (de ahí su nombre: en griego, *amygdale* significa precisamente 'almendra') y es la responsable de toda una diversidad de funciones cognitivas y emocionales. De hecho, tenemos dos amígdalas, una en cada hemisferio cerebral, y estas pequeñas estructuras desempeñan un papel sustancial en el procesamiento de los recuerdos; concretamente, atribuyen un valor o significado emocional a esos recuerdos. Cuando ves una cara conocida, por ejemplo, la amígdala entra en funcionamiento: si es un amigo íntimo, sientes una oleada de alegría; si es alguien que no te cae demasiado bien, sientes lo contrario.

Aunque buena parte del proceso de toma de decisiones se ejecuta en otras partes del cerebro (entre ellas, la corteza prefrontal), se ha descubierto que la amígdala es propensa a tomar el mando en ciertas circunstancias.

Volvamos, por ejemplo, a James: en cuanto oye en el teléfono móvil la señal de que ha recibido un mensaje, desvía la atención. Físicamente, sigue sentado al lado de sus hijos, pero su mente está de vuelta en la oficina. Los niños se impacientan y acaban por aceptar el reto, que es reclamar la atención de papá cueste lo que cueste. A medida que crece la intensidad de sus súplicas, el enfado del padre va en aumento, y finalmente explota. ¿En qué acaba todo? Un correo electrónico a medias, dos niños que lloran y una gran frustración por ambas partes.

Este es un ejemplo claro de lo que Daniel Goleman llama «secuestro emocional»: una situación en la que las emociones toman las riendas de los procesos de pensamiento típicos. Podríamos compararlo con un caso de emergencia en el que, al tomar nosotros el control manual de un dispositivo electrónico, quedan anuladas de inmediato sus funciones automáticas. Eso mismo hace la amígdala: cada vez que algo nos provoca ansiedad o miedo, entra en acción, y esa acción prevalece sobre el funcionamiento habitual y desata una respuesta de lucha, huida o parálisis. El padre quiere terminar lo que está haciendo, y sus hijos de repente intentan impedírselo, y como la amígdala interpreta que se trata de una situación de peligro, provoca de inmediato en él una reacción agresiva. El secuestro emocional puede actuar a nuestro favor o en nuestra contra. En una situación de auténtica emergencia, la amígdala te da el arrojo para defender a los tuyos de un agresor más alto y más fuerte que tú; pero puede también desatar en ti un comportamiento arriesgado, irracional e incluso peligroso en situaciones cotidianas.

El simple hecho de entender cómo funciona la amígdala es un paso importante para identificar y conocer tus propios secuestros emocionales y desarrollar estrategias para lidiar con ellos. Sería estupendo, claro está, que pudieras identificar los detonantes con antelación, pero generalmente ocurre a la inversa: reaccionas a algún estímulo y dices o haces algo que luego lamentas. Y a raíz de ello te encuentras ante una disyuntiva: puedes olvidar lo ocurrido, seguir como si nada y volver a reaccionar de la misma manera la próxima vez que te encuentres en circunstancias similares, o puedes intentar ordenar e identificar tus pensamientos y sentimientos como si fueran las piezas de un rompecabezas. Cuando empiezas a entender *por qué* has reaccionado así, puedes determinar y ejercitar la que será tu reacción automática y tener una respuesta distinta la próxima vez.

Si te decides por la segunda opción, puedes empezar por formularte las siguientes preguntas, que te harán reflexionar y contemplar tu comportamiento:

1. ¿Por qué he reaccionado así?
2. ¿Me ha ayudado o me ha perjudicado tener esa reacción?
3. ¿Qué lugar ocupa esa situación en el contexto general de mi vida? Es decir, ¿qué importancia tendrá para mí dentro de una hora? ¿Y dentro de una semana? ¿Y de un año?
4. ¿Qué puedo haber malinterpretado o tiendo a malinterpretar, sobre todo en momentos de tensión?
5. ¿Qué cambiaría si pudiera?
6. ¿Qué podría decirme a mí mismo la próxima vez que me ayudara a tener más claridad?

El objetivo de estas preguntas es hacerte reflexionar, para que seas cada vez más hábil y rápido en reconocer tu comportamiento emocional y tus tendencias, y puedas tomar medidas para cambiarlos si te limitan y te hacen daño.

¿Y cómo se manifiesta esto en el día a día?

Supongamos que, cuando conduces, tienes tendencia a ofenderte con facilidad por lo que hacen los demás conductores. Si un coche se te acerca demasiado o invade tu carril, te lo tomas como una afrenta personal. Para cuando quieres darte cuenta, te has dejado llevar por el enfado y conduces pegado a él, o buscas cualquier otra manera de vengarte para que ese conductor se entere de quién manda. Por supuesto, como eres presa de un secuestro emocional, lo último que te preocupa es la posibilidad de provocar un accidente o una reacción violenta. Más tarde, sin embargo, cuando tienes ocasión de tranquilizarte, das gracias por que la situación no se haya descontrolado, pero eres consciente de que comportarte así podría acarrearte auténticos problemas en el futuro. Utilizando las preguntas de la página anterior como base, y también algunos de los recursos explicados en el capítulo anterior, reflexionas sobre lo ocurrido. Y a continuación, te preguntas lo siguiente:

- ¿Cambiaría en algo mi opinión sobre ese otro conductor si me enterara de que se encuentra bajo una presión enorme, por ejemplo, de que está llevando al hospital a una mujer que se ha puesto de parto o a un familiar que ha sufrido una lesión?
- ¿Y si la maniobra del otro conductor no ha sido deliberada? ¿No cometo yo errores cuando conduzco? ¿Cómo me gustaría que actuara otro conductor si, por error, invado su carril?
- Si continúo intentando vengarme de los demás conductores, ¿cómo podrían reaccionar? ¿Cómo nos afectaría eso a mi familia y a mí? ¿Vale la pena el riesgo?
- ¿Qué lugar ocupa ese incidente en el contexto general de mi vida? ¿De verdad me importará dentro de una hora, una semana o un año que un conductor haya invadido mi carril?

El objetivo al hacerte estas preguntas es cambiar el modo en que tu cerebro procesa esas situaciones. Si dejas de interpretar el comportamiento de los demás conductores como una afrenta personal, permitirás que intervengan otras partes del cerebro cuando un coche invada tu carril, y el resultado será un proceso de toma de decisiones más reflexivo y racional.

Volvamos a James, que se siente culpable por haberles chillado a sus hijos y desea cambiar de comportamiento. Después de reflexionar, admite que se siente frustrado con facilidad cuando intenta contestar a un mensaje de correo electrónico estando con sus hijos. Al darse cuenta de que es así, decide responder a los mensajes de trabajo solo a determinadas horas; de modo que silencia las notificaciones de mensajes en el teléfono móvil (o las desactiva por completo) para no tener la tentación de echar un vistazo cada vez que oye un aviso. Cuando llega la hora de leer y contestar los mensajes, prepara a los niños; les dice: «Papá necesita ahora unos minutos para ocuparse de unos asuntos de trabajo», y se asegura de que los niños estén entretenidos y alguien cuide de ellos.

Ese examen reflexivo hace que James sea ahora más consciente de sí mismo y le inspira una percepción nueva de otros detalles. Con el tiempo, se da cuenta de que atender simultáneamente distintas tareas, del tipo que sean, le impide comunicarse de verdad, de modo que se esfuerza por centrarse en una sola cosa en cada momento. En la oficina, guarda el teléfono móvil para poder aprovechar más el tiempo, y lo consulta solo a determinadas horas; toma la determinación de terminar una tarea (o al menos una parte aceptable de ella) antes de pasar a otra, y en casa, cuando su esposa intenta iniciar una conversación, le pide un minuto para terminar lo que tiene entre manos y poder así dedicarle luego toda su atención.

James se siente de maravilla con todos estos cambios. Lo sé porque James soy yo. (Sí, no te había dicho que James es mi segundo nombre).

Decidí convertir esos secuestros emocionales en catalizadores para la reflexión y el pensamiento meditativo. Al reevaluar quién era y hacia dónde iba, me di cuenta de que las cosas tenían que cambiar. Fui consciente de lo peligroso que se había vuelto mi trabajo, porque me entusiasmaba. Me entusiasmaba tanto que era lo único que quería hacer. Si pasaba más de un par de horas alejado del ordenador, me sentía incómodo. En cuanto tenía la ocasión, estaba otra vez delante del teclado.

No era ese el hombre que quería ser.

Desde que hice algunos cambios hace unos años, los resultados han sido espectaculares. Mi trabajo me gusta de verdad, así que la tentación de trabajar más de la cuenta está presente en todo momento. Me cuesta equilibrar el tiempo de trabajo y el que dedico a todo lo demás y no perder de vista el contexto global de mi vida (no soy perfecto; mi esposa es una gran ayuda). Pero a nivel emocional, me siento más conectado que nunca con mi esposa y mis hijos; y en el trabajo rindo más, porque consigo un grado de concentración que antes me habría parecido inconcebible. Estos simples cambios me han hecho mejor marido, padre y trabajador.

Conclusión: los secuestros emocionales no son agradables, pero son inevitables. La cuestión es: ¿qué vas a hacer al respecto? Con la estrategia correcta, puedes hacer que actúen a tu favor y no en tu contra. De todos modos, es importante entender que esta clase de ajustes no se consigue de la noche a la mañana. Ya se sabe: los viejos hábitos son difíciles de erradicar.

Cómo planificar tus hábitos: en lugar de reaccionar, anticípate y toma medidas

Otro factor que influye en nuestra «programación» individual está relacionado con los hábitos que nos creamos. «Los hábitos, según los científicos, se forman porque el cerebro busca continuamente la manera de ahorrar esfuerzos», escribe Charles Duhigg, autor de *El poder de los hábitos*. Un cerebro eficiente nos permite no tener que pensar a cada momento en actividades básicas como caminar o hablar, gracias a lo cual podemos dedicar la energía mental a otras tareas más elevadas (de ahí que, por ejemplo, pongamos el piloto automático para cepillarnos los dientes o aparcar en batería). Cuando el cerebro identifica que un comportamiento rutinario determinado tiene una recompensa, con frecuencia se crea un hábito.[2]

El problema, sin embargo, es que el cerebro no sabe distinguir las buenas recompensas de las malas. Lisa, la joven de la que te hablé al principio del capítulo, no entra en la tienda porque *necesite* un vestido nuevo; entra porque ha adquirido un hábito, que satisface su curiosidad y le ofrece así una recompensa emocional. Algo parecido le ocurre a Steve: aunque quiere a toda costa dejar de fumar, recae una vez más cuando está sometido a una intensa presión; el cerebro está configurado para buscar alivio en la sensación estimulante que le proporciona la nicotina.

Tu vicio quizá sea otro. Igual a ti te gusta quedarte levantado hasta muy tarde viendo series de Netflix, lo cual se traduce en una falta de sueño crónica, que a su vez influye negativamente en tu estado de ánimo. O tal vez te engañes convenciéndote de que tienes tiempo de terminar otra tarea pendiente cuando deberías estar ya saliendo para acudir a tu siguiente cita; la consecuencia es que vives contra reloj, y lo único que consigues en definitiva es añadir a tus días un estrés innecesario.

Somos lo que hacemos repetidamente. La excelencia no es un acto, sino un hábito.

Will Durant

Aunque es difícil erradicar los malos hábitos, lo cierto es que no tienes por qué estar a merced de ellos. Se ha descubierto que los hábitos no desaparecen por sí solos, pero que se pueden reemplazar. Esto significa que no estás condenado a repetir irreflexivamente tu rutina actual solo porque lo hayas hecho durante años, sino que puedes reconfigurar tu cerebro y planificar tus hábitos.

Mira, por ejemplo, lo que descubrió el terapeuta Brent Atkinson. Tras años de trabajo terapéutico semanal con diversas parejas, se dio cuenta de que incluso aquellas que llegaban a comprender a fondo aspectos decisivos de su comportamiento caían en «los mismos patrones conductuales de siempre». Él lo atribuyó a las experiencias personales de cada paciente. Explica:

> Los estudios del cerebro dan a entender que, a lo largo de nuestra vida, desarrollamos mecanismos internos para sobrellevar todo aquello que nos perturba. El cerebro organiza esos mecanismos de defensa en programas coherentes de respuesta neuronal autoprotectora altamente automatizados. Una vez que se forma uno de estos programas, cada vez que algo lo activa se despliega un patrón predecible de pensamientos, impulsos y acciones. Los programas de respuesta neuronal pueden condicionar seriamente nuestras percepciones e interpretaciones sin que nos demos cuenta [...] y generar una poderosa inclinación a atacar, defendernos o retirarnos.[3]

En otras palabras, la manera en que respondes cuando estás disgustado es un hábito que ha creado la mente para protegerse y que ha repetido ya miles de veces (muchos matrimonios tienen discusiones tan predecibles que parecen atenerse a un guion). La clave para romper este ciclo es reconfigurar el modo de responder a esas situaciones.

Atkinson y sus colegas ayudaron a sus pacientes a conseguirlo enseñándoles a pensar con más flexibilidad en situaciones de estrés. Los pacientes debían pedirle a su marido o a su esposa que hicieran una grabación en el teléfono móvil cada vez que se sintieran insatisfechos o molestos con el comportamiento de su pareja, «como si le estuvieran dejando un mensaje de voz». Después, los terapeutas reproducían las grabaciones durante la sesión a fin de ayudarlos a:

- Identificar las reacciones internas que les provocaba oír las quejas o reproches de su pareja.
- Imaginar cómo les hubiera gustado reaccionar en esos momentos.
- Practicar repetidamente una nueva forma de pensar y responder cuando se enfadaban o disgustaban.

Los resultados fueron asombrosos. Los pacientes aprendieron rápidamente a pensar con más calma y a cambiar el modo de responder en situaciones de estrés. «En el caso de muchos pacientes, es la primera vez en su vida que prestan verdadera atención a lo que ocurre en su interior cuando se sienten criticados», dice Atkinson.

¿Quieres saber cómo adaptar estas lecciones a tus circunstancias personales?

➤ **PRUEBA ESTO:** Para intentar cambiar tus respuestas habituales, practica los tres pasos de este método:

1. Motívate

Atkinson hace hincapié en que cualquiera que desee cambiar de hábitos ha de estar debidamente motivado. «Deben estar convencidos de que sus hábitos actuales necesitan una seria revisión y querer cambiarlos», escribe.

Así que encuentra tu motivación. ¿Quieres vivir más? ¿Rendir más en el trabajo? ¿Tener mayor calidad de vida? Dedicando un poco de tiempo a examinar si tus hábitos facilitan o dificultan que alcances esos objetivos, quizá consigas la motivación que necesitas para hacer un cambio de vida importante.

2. Practica

Para dominar una técnica nueva, tienes que practicarla una y otra vez hasta que la hayas interiorizado.

Podrías emplear la sugerencia de Atkinson y pedirle a tu pareja que grabe «un mensaje de queja», y escucharlo luego estando solo. Pero si no crees que vayas a hacerlo, podrías aprovechar otra situación: la próxima vez que estés leyendo las noticias o consultando las entradas de una red social, busca comentarios u opiniones que te irriten por alguna razón. No respondas; simplemente presta atención a los pensamientos que te surgen mientras lees o escuchas. Hazte las seis preguntas de autorreflexión que proponía en la página 69. Por último, usa la imaginación para visualizar y repasar una situación pasada en la que te traicionaran las emociones; luego, ensaya mentalmente cómo tienes pensado hacer frente a situaciones similares en el futuro.

Recuerda la comparación que hacía con los deportistas profesionales: lo mismo que ellos practican miles de veces su técnica respectiva antes de salir a la pista o al terreno de juego, tú puedes ejercitar, antes de que vuelva a presentarse un momento de fuerte tensión emocional, los procesos mentales que deberán ponerse en marcha para poder afrontarlo con una nueva actitud.

3. Aplica lo aprendido

Con independencia de las innumerables horas de entrenamiento, los atletas y otros deportistas adquieren una experiencia incomparable cuando participan en las competiciones. Es en ellas —en la pista o en el estadio— donde los participantes ponen en práctica lo aprendido.

Tú también tendrás cantidad de oportunidades de aplicar lo que has practicado. Todos los días hay momentos de tensión emocional, como una discusión con un colega o un miembro de tu familia enfurecidos, una tentación irresistible.

Personalmente, aplicar estos métodos me ha servido para encontrarme hoy en día con menos momentos de secuestro emocional que antes. Pero, además, si el secuestro comienza, suelo ser capaz de darme cuenta, retirarme e impedir que explote y adquiera dimensiones catastróficas. En estos casos, una disculpa sincera por mi reacción inicial distiende rápidamente la situación; es mucho más fácil entonces que la otra persona o yo nos tranquilicemos y que el incidente se resuelva de un modo más agradable y productivo para todos.

No esperes aprender a controlar tus emociones en una noche. Pero si, cada vez que se presenta la ocasión, continúas integrando los hábitos que has decidido hacer tuyos, puedes moldear con criterio tus futuras reacciones emocionales. El resultado será que estarás curtido, y más preparado para lidiar incluso con las situaciones de conflicto emocional más difíciles.

No te rindas

No te equivoques: intentar cambiar el comportamiento emocional no es fácil. Muchas veces, significará enfrentarte a conexiones neuronales que has tardado toda una vida en establecer. Por eso, incluso después de haber hecho progresos, cuenta con que darás un paso atrás en más de una ocasión. Habrá momentos en que quizá te preguntes si en realidad has avanzado algo.

La verdad es que ninguno podemos controlar a la perfección nuestras emociones. Todos cometemos errores, y los seguiremos cometiendo. Muéstrame a un «experto» en inteligencia emocional, y yo te mostraré a una persona bien distinta: que pierde los estribos o es presa de la confusión y toma decisiones disparatadas, en circunstancias desfavorables.

Pero si tratas esos secuestros emocionales como estudios de caso, es decir, como oportunidades de analizar tu propio comportamiento, se convierten en experiencias de aprendizaje excepcionales. Esfuérzate por descubrir cuál ha sido exactamente el hecho que ha desatado en ti cierta reacción y qué hábitos profundamente arraigados han podido contribuir a ella. Usa la imaginación para analizar y ensayar. Busca maneras de reemplazar los malos hábitos por otros mejores. Y, por último, practica, practica y practica.

Al hacerlo, puedes «reprogramar» poco a poco las reacciones instintivas del cerebro y cultivar los hábitos que necesitas para poder mantener el equilibrio emocional.

4

Diamantes en bruto

Por qué cualquier crítica es en realidad un regalo

● ● ● ● ● ● ● ● ●

*Solo se beneficia de los elogios
aquel que valora las críticas.*

Heinrich Heine

D e adolescente, Thomas Keller solía echar una mano en el restaurante de Palm Beach que regentaba su madre. Con el tiempo, empezó a sentir una pasión por la cocina que lo inspiró a dedicarse de lleno a la gastronomía y a convertirse en chef. Los innumerables premios y prestigiosos galardones que ha recibido Keller a lo largo de su trayectoria profesional hacen que hoy se le considere uno de los grandes artistas culinarios del mundo.

Esto explica por qué Pete Wells, principal crítico gastronómico del *New York Times*, fue noticia de primera plana cuando publicó su despiadada crítica del restaurante Per Se que regenta Keller en Nueva York. Wells calificaba sus tres experiencias en Per Se (entre el otoño y el invierno de 2015) de «entre respetablemente anodinas, en el mejor de los casos, y decepcionantemente planas en el peor». No se anduvo con miramientos, y empleaba palabras como *improvisado*, *insípido*, *un despropósito* o *chicloso* para describir los platos que había probado.[1]

¿Cómo crees que respondió Keller, prestigioso chef y epítome de perfeccionismo, a un ataque de tales proporciones publicado en el mismo periódico, casualmente, que había nombrado a Per Se «mejor restaurante de Nueva York» solo cuatro años antes?

Pidió disculpas.

En una declaración humilde e inspiradora a partes iguales, Keller asumía la responsabilidad por la mediocridad de los platos y prometía mejorar: «Nos enorgullecemos de mantener el más alto nivel de calidad, pero de vez en cuando cometemos errores —admite en su página web—. Sentimos de verdad haberlo decepcionado».[2]

En una entrevista para la revista *Town & Country* unos meses después, Keller reconoció que no se había tomado los comentarios de Wells como un ataque personal. «Quizá nos estábamos durmiendo en los laureles —dice—. Aprendí que tal vez, como equipo, éramos un poco demasiado arrogantes, con demasiado ego».[3]

Poco después de que se publicara la valoración del *New York Times*, Keller viajó al puñado de restaurantes de los que es propietario para reunirse con sus mil veintinueve empleados y darles una explicación. La única forma de reducir el impacto de la crítica, les dijo, sería dar a cada cliente una atención personalizada.

En el mundo de la alta cocina, donde a los grandes chefs se los considera poco menos que dioses, la respuesta de Keller fue un soplo de aire fresco. A la vez, en un sentido más general, puso de manifiesto lo que para muchos de sus más estrechos colaboradores era uno de los principales puntos fuertes de su carácter: su capacidad para sacar provecho de los comentarios negativos.

Por qué todos necesitamos conocer la opinión de los demás

Antes de que deseches la declaración de Keller por considerarla simplemente una buena jugada en el ámbito de la estrategia empresarial, piensa un momento en lo difícil que es en realidad actuar así: aceptar una crítica negativa, despiadada, tragarse el orgullo y pedir disculpas.

Grant Achatz, uno de los chefs más premiados y reconocidos del mundo, que trabajó durante cuatro años bajo la dirección de Keller en su aclamado restaurante californiano French Laundry, cuenta que este tipo de reacción está impreso en el ADN de su antiguo mentor. «Cuando sucede algo así [...] tiene de inmediato una reacción positiva e intenta hacerlo mejor. Podemos especular sobre su ego o su arrogancia, pero él no es así».

Quizá, como me sucede a mí, se te vienen rápidamente a la cabeza situaciones similares en las que tu respuesta a una crítica no ha sido tan elegante.

No es difícil entender por qué. Todos estamos apegados emocionalmente a nuestro trabajo, nuestras creencias y nuestras opiniones. Claro que decimos con aire solemne que queremos aprender y mejorar, dar lo mejor de nosotros; sin embargo, cuando alguien se acerca y nos dice cómo hacerlo, nos ponemos tensos. Nos sentimos inseguros. Ofendidos.

Pero ¿y si aprendieras a entender las críticas de otra manera? ¿Qué te parecería encontrar el modo de transformar el efecto de esos comentarios para que, en lugar de una afrenta, sean algo valioso?

Podríamos comparar las opiniones que recibimos con un diamante en bruto. Al ojo inexperto, una gema recién extraída de la mina puede parecerle que no vale nada, que no es ni atractiva siquiera; en cambio, tras un largo y complejo proceso de corte, talla y pulido, su verdadero valor resulta obvio. Igualmente, aprender a extraer los beneficios de una crítica puede resultar una habilidad inestimable.

Por supuesto, las opiniones que recibas no siempre serán una crítica. Un elogio oportuno o un comentario halagador te harán sonreír otras veces. Pero cuidado, porque incluso el elogio más sincero puede ser a la larga perjudicial si no sabes interpretarlo debidamente.

Así pues, ¿cómo sacarles el máximo partido a los comentarios que los demás te hagan?

Esa es la pregunta a la que vamos a responder en este capítulo. Te haré ver también que las opiniones de los demás pueden afectarte a niveles de los que ni siquiera te das cuenta. Luego definiré el tipo de comentario que es más beneficioso y te daré algunas pistas para asegurarme de que sabes cómo conseguirlo.

Los comentarios de los demás son un regalo

«Inside Amazon: Wrestling Big Ideas in a Bruising Workplace» [el Amazon que no se ve: pugna de grandes ideas en un ambiente laboral agresivo] es el título de un polémico artículo que publicó el *New York Times* en 2015. El retrato que hace de este gigante del comercio electrónico es el de una empresa que antepone la innovación y el rendimiento de la compañía al bienestar de sus empleados: «En Amazon, se anima a los trabajadores a arremeter contra las ideas de los demás en cada reunión, a trabajar horas sin fin [...] y se les exige un nivel de eficiencia que la propia compañía califica, alardeando, de "desmedidamente alto"», empezaba diciendo el artículo.[4]

Según los autores, eran comunes el sabotaje y las tácticas maquiavélicas. Antiguos y actuales empleados de Amazon contaban casos en que los gerentes y encargados habían demostrado una indiferencia absoluta hacia algunos problemas de salud graves o tragedias familiares de los trabajadores. «Prácticamente a todos con los que trabajé los vi llorar alguna vez frente a su escritorio», decía un antiguo empleado.

Rápidamente, la noticia se hizo viral. Había antiguos empleados que relataban experiencias malas y también buenas (no perdamos de vista que trabajan para Amazon más de trescientas mil personas repartidas por todo el mundo). El artículo recibió casi seis mil comentarios en el sitio web del *New York Times* e incluso desató un debate público entre el principal directivo de Amazon y el editor jefe del periódico, que se emitió en *Medium*, la popular plataforma para blogs.[5]

Pero en el frenesí mediático que siguió a su publicación, lo que destacó fue la respuesta de un solo hombre a la diatriba.

El mismo fin de semana en que se publicó, el fundador y presidente de Amazon, Jeff Bezos, envió una carta a sus empleados en la que los animaba a «leer con atención» el artículo del *New York Times*.

La crítica le tocó la fibra sensible, sin duda. «No reconozco el Amazon del que habla ese artículo, y espero de verdad que ustedes tampoco», les decía; y añadía: «Ni describe el Amazon que yo conozco ni a los amazonianos atentos y comprensivos con los que trabajo a diario». Pedía a los empleados que informaran a la empresa de cualquier incidente similar a los que describía el artículo. Los invitaba incluso a que se pusieran directamente en contacto con él por correo electrónico, si era preciso. «No es suficiente con saber que rara vez se dan esta clase de circunstancias: la falta de empatía es sencillamente inadmisible», escribía.[6]

Sin duda, Bezos debió de sentir una avalancha de emociones mientras pensaba en cómo resolver aquella crisis repentina. No obstante, utilizó la crítica como catalizador, para reevaluar la situación de su empresa en aquellos momentos y que todo el mundo supiera lo seriamente que se había tomado las acusaciones.

¿Salió algo positivo de aquel imperioso llamamiento a la acción? En 2016, la compañía anunció cambios importantes en los criterios de evaluación de los empleados para posibles ascensos en la compañía. En un comunicado oficial, se decía que, en adelante, el procedimiento estaría «radicalmente simplificado» y se pondría el foco en los puntos fuertes de los candidatos más que en la «ausencia de puntos débiles».[7]

El comunicado de Bezos, lo mismo que la respuesta inicial de Thomas Keller a la dura crítica que recibió su restaurante, ilustra magníficamente las ventajas legítimas de entender cualquier crítica como una oportunidad de aprender.

Sin embargo, no es tan común este tipo de respuesta, y es fácil entender por qué. Uno ha invertido sangre, sudor, y a veces también lágrimas, en su trabajo, luego es natural que le duela ver que se subestiman sus esfuerzos. A esto se suma que nuestras creencias, convicciones y principios constituyen en buena medida nuestra identidad; por eso, la reacción automática es sentir que *si los atacas, me estás atacando a mí*. Y es todavía peor cuando la crítica proviene de un amigo, nuestra pareja o alguien de la familia: «¿Cómo es posible? —nos preguntamos—. ¡Deberían ponerse de mi parte!».

La realidad, por más que nos pese, es que nadie tiene siempre la razón, y necesitamos que alguien nos haga ver los puntos ciegos, nos señale aquello que no vemos, porque es así como mejoramos.

Por desgracia, buena parte de las críticas que nos hacen distan mucho de estar expresadas en el tono ideal. A veces son sencillamente feroces, y hasta desacertadas, en muchos sentidos. Pero incluso una crítica expresada sin tacto o con mala intención es un regalo, ya que en la mayoría de los casos tiene una verdad de fondo, y esto significa que hay algo cierto que podemos sacar de ella, algo que podemos utilizar para comprender mejor quiénes somos y evolucionar.

Aun las críticas que se nos hacen sin ningún fundamento son extremadamente valiosas, porque a través de ellas podemos entender la perspectiva de aquellos que tienen una visión del mundo distinta de la nuestra. Y vernos y estudiarnos desde el punto de vista del otro puede hacernos reflexionar y redefinir nuestras creencias y principios.

Entender los comentarios negativos como una oportunidad de aprender puede servirte para:

- Confirmar la validez de lo que piensas y prepararte para una posible crítica similar en el futuro.
- Formular mejor lo que dices para que pueda llegarles a quienes tienen puntos de vista distintos del tuyo.
- Definir con más precisión a quién va dirigido tu mensaje.
- Cambiarlo y adaptarlo cuando sea necesario.

Con todo esto no pretendo excusar, por supuesto, las críticas hirientes o insensibles. Si tienes que hacer una crítica desagradable, hacerla con respeto y con tacto no solo es lo correcto, sino que da mejores resultados (te hablaré sobre esto más adelante).

Si el receptor de la crítica eres tú, no podrás decidir cómo se expresa. Pero recuerda que, en todos los casos, una crítica es como un diamante en bruto: aunque su apariencia sea quizá poco atractiva, tiene un valor potencial enorme. Te toca a ti tallar y pulir, aprender y evolucionar.

Aprende a transformar lo negativo en positivo

Para poder sacar provecho de un comentario negativo, es importante recordar que todo aquello que interpretemos como una amenaza o un peligro hará que la amígdala se active y que su acción prevalezca sobre el proceso normal de toma de decisiones. Este relevo de fuerzas puede manifestarse de distintas maneras: tal vez nos invada una tensión súbita que nos impida seguir escuchando; quizá empecemos automáticamente a justificar o racionalizar lo que acabamos de decir o hacer, o es posible que intentemos incluso quitarle importancia al problema o echarle la culpa a alguien de lo ocurrido.

Son reacciones que no benefician a nadie. Pero ¿cómo impedir que las emociones afloren y nos nublen el entendimiento?

La clave está en aprender a entender las críticas no como un ataque a nuestra persona, sino como una oportunidad de descubrir algo valioso.

> **PRUEBA ESTO:** Cuando te hagan una crítica negativa, céntrate en responder a estas dos preguntas:

- Dejando los sentimientos a un lado, ¿qué puedo aprender de este otro punto de vista?
- ¿Cómo puedo usar estos comentarios para mejorar?

Al hacerte estas preguntas, pones tu tiempo y tu energía al servicio de un ejercicio productivo. De hecho, conviertes lo que podría ser una situación negativa en una experiencia positiva, en una oportunidad de aprender y mejorar.

Cierto, al principio no es fácil. Tu respuesta natural a una crítica será probablemente una reacción automática, un hábito que ha tardado años en consolidarse. Pero si dedicas un poco de tiempo a responder esas dos preguntas, incluso aunque sea varias horas después de haber oído o leído los comentarios que te han dolido, verás que la reacción natural a las críticas poco a poco va cambiando.

Hay cosas que nos toca aprender, si no es por las buenas, por las malas. Así aprendí yo esta lección. Estando hace muchos años en un puesto directivo, viví una situación que nunca olvidaré. Reprendí a un miembro del equipo —lo llamaremos David— por una metedura de pata. Lo que le dije tenía fundamento, pero estoy seguro de que hubiera podido decírselo mejor.

Me dio una respuesta inmediata y cortante: «¿Sabes?, eres la clase de jefe que todos aborrecemos».

Huy.

Claro está que David hubiera podido tener más tacto. Pero no servía de nada darle vueltas a eso; lo que me acababa de decir era importante. Me tomé en serio sus palabras y le pedí que me explicara por qué, y aprendí de su sinceridad. Al final, aquello me hizo ser mejor jefe y a David le hizo ver que yo no era el imbécil que él pensaba.

Una advertencia, de todos modos: procura no mortificarte demasiado con los comentarios negativos. Podría paralizarte, o los comentarios de tus opositores podrían abrumarte hasta el punto de hacerte querer claudicar. Darles demasiadas vueltas puede distraerte de tus prioridades y principios, o puedes enredarte tanto en querer demostrar a los demás lo equivocados que están que pierdas de vista tus fortalezas y derroches tiempo y esfuerzos intentando convertirte en alguien que no eres.

Cuando alguien te indique un posible punto ciego, tu objetivo debería ser aprender y seguir adelante. La mayor parte de los comentarios que te haga la gente serán subjetivos, así que ten presente esto también. Quiero añadir algo más: en los momentos en que tengas la autoestima por los suelos, quizá te ayude más valorar lo que haces bien que estar atento a lo que deberías mejorar.

Por último, hay ciertas ocasiones en que deberías desestimar por completo cualquier crítica que se te haga. Si estás convencido de que alguien está intentando hacerte daño o destruir tu autoestima, haz caso omiso de lo que te diga. Busca los comentarios de aquellos en quienes sabes que puedes confiar y que quieren lo mejor para ti.

Aprende a valorar los elogios en su justa medida

Es muy importante controlar las emociones cuando nos hacen una crítica, pero ¿y cuando nos elogian o halagan? Elogiar sinceramente el trabajo de alguien reporta innumerables beneficios, como veremos más adelante en otro capítulo. Cuando eres tú el destinatario, un elogio puede ayudarte a conocer tus virtudes, a fortalecer la autoestima y a creer más en tus capacidades, además de procurarte esa motivación que tanto necesitamos todos.

Pero puede haber un peligro en que nos regalen los oídos, por así decirlo. Dejar que las emociones se desboquen después de recibir un elogio puede llevarnos a sobreestimar nuestras capacidades y hacer que nos volvamos descuidados, temerarios e incluso arrogantes, que nos creamos superiores y empecemos a mirar a los demás por encima del hombro.*

Deberías preguntarte además si todas esas alabanzas son auténticas u ocultan algún otro motivo. Porque si los elogios suelen hacerse con un deseo sincero de mostrar aprecio, la adulación suele estar motivada por el egoísmo.

---

* Por ejemplo, en 2015 un estudio llevado a cabo en los Países Bajos reveló que los niños a los que sus padres elogiaban en exceso eran más propensos a desarrollar cualidades asociadas con el narcisismo. «Quienes tienen una alta autoestima consideran que son tan competentes como los demás, mientras que los narcisistas consideran que están por encima de los demás», señalaba Brad Bushman, coautor del estudio y profesor de Comunicación y Psicología en la Universidad Estatal de Ohio (Agencia France-Presse, «Parents Who Praise Children Too Much May Encourage Narcissism, Says Study», *Guardian*, 10 de marzo de 2015, www.theguardian.com/world/2015/mar/10/parents-who-praise-children-too-much-may-encourage-narcissism-says-study).

El asesor de liderazgo empresarial Mike Myatt, en su libro *Hacking Leadership* [Hackear el liderazgo], escribe:

La forma de manipulación más común suele estar disfrazada de adulación, y es por eso la más peligrosa. El problema de ese viejo dicho de que «con halagos, uno consigue lo que quiera» es que hay gente con intenciones nada inocentes que no solo cree en él, sino que lo practica. Los perezosos, los que tienen ansia de poder, los codiciosos, los oportunistas, los psicópatas y los sociópatas saben todos a la perfección que la adulación *no* es inofensiva. Muy al contrario, estos adivinos saben que los halagos tienen el poder de influenciar, corromper, socavar y engañar. La manipulación que adopta el aspecto de halago es poco más que una forma encubierta de agresión.[8]

Quien ama la adulación es digno del adulador

William Shakespeare, *Timón de Atenas*

Por tanto, cuidado con aquellos que solo elogian a quienes les pueden beneficiar. Mejor que veas en el elogio y la alabanza un modo de conocer tus fortalezas y cultivarlas; que el elogio te sirva de motivación para trabajar sin descanso por mejorar. Por otra parte, ten presente que todas tus capacidades o talentos son producto de lo que has recibido de otros; esto te ayudará a resistir la tentación de hincharte de orgullo y creerte más de lo que eres o ponerte en un pedestal, del que solo te podrás caer.

> **PRUEBA ESTO:** La próxima vez que alguien te alabe, dale las gracias con educación. Después, hazte estas preguntas:

- ¿Qué puedo aprender de sus alabanzas? ¿Cómo puedo repetir lo que he hecho bien?
- ¿Quién me ha ayudado a hacerlo bien? ¿Puedo, a mi vez, agradecérselo o elogiarlo yo también?
- ¿Era sincero su elogio, o intentaba halagarme para conseguir algo de mí?

Cómo conseguir que alguien nos haga los comentarios que necesitamos oír

«Soy consciente de que necesito conocer la opinión de los demás para mejorar —te dices—. Pero ¿y si nadie quiere contarme lo que ve en mí?».

Hay un sinfín de razones por las que puede ser difícil que alguien nos dé una opinión que nos sea útil. En el trabajo, es posible que tu jefe y tus colegas no consideren que este tipo de comunicación sea una prioridad. O tal vez la idea les parezca arriesgada y teman cómo puedes reaccionar. Y si el jefe eres tú, es posible que a los miembros de tu equipo de trabajo les asusten las consecuencias de hacerte un comentario negativo.

En casa, no comentar con sinceridad lo que sentimos puede ir destruyendo poco a poco las relaciones. En lugar de entablar esa clase de conversaciones tan necesarias, muchas familias se contentan con pasar las horas leyendo, viendo la televisión, entretenidas con juegos de mesa o absortas en sus dispositivos móviles. A pesar de estar sentados o tumbados a solo unos centímetros unos de otros, tienen la mente en mundos distintos.

Pero hay una forma sencilla de conseguir que alguien nos diga eso que tanto necesitamos saber, y es pedirle su opinión.

Ninguno lo hacemos tan a menudo como deberíamos. Por ejemplo, ¿cuándo fue la última vez que le pediste a tu pareja, a tu hijo o a un colega que te dijeran algo que les guste de ti, o algo en lo que les gustaría que cambiaras? Hace falta cierta valentía para hacer esa clase de preguntas, pero imagina todo lo que podrías sacar de las respuestas.

Cuando tienes por costumbre pedir a los demás su opinión, a ellos les cuesta menos decirte lo que piensan realmente, y de ese modo tienes más oportunidades de aprender. Pero, además, hacerlo tiene otra ventaja oculta, y es que solemos tener buena opinión de aquellos que en todo momento están dispuestos a recibir críticas.

Sheila Heen y Douglas Stone, coautores de *Thanks for the Feedback: The Science and Art of Receiving Feedback Well* [Gracias por la opinión: la ciencia y el arte de encajar bien las críticas] escriben:

Alguien que pide asesoramiento suele tomarse más en serio lo que se le dice y mejorar de verdad. Pero también porque, cuando le preguntamos a alguien qué piensa de nosotros, no solo nos enteramos de cómo nos ven los demás, sino que además *influimos* en ello. Al pedir que nos hagan una crítica constructiva, transmitimos a un tiempo una sensación de humildad, respeto, pasión por la excelencia y confianza en nosotros mismos.[9]

Indudablemente, la comunicación es una vía de doble sentido. A ti te corresponderá a tu vez decirle a esa persona lo que aprecias de ella y también lo que te gustaría recibir de ella y no recibes (sobre cómo expresar esto, seguiremos hablando en el capítulo siete).

Pero ¿de verdad es así de simple? ¿De verdad que para recibir una crítica que nos ayude a mejorar solo hace falta pedirla?

Veamos, aunque pedir directamente la opinión de alguien puede hacernos descubrir muchas cosas de nosotros, también es necesario tener en cuenta cómo la pedimos.

➤ **PRUEBA ESTO:** Heen y Stone aconsejan evitar preguntas vagas, como: «¿Tienes algo que decirme?», y ser más concretos. Por ejemplo, en el trabajo podrías preguntarle a una colega, a tu jefe o a un subordinado: «¿Qué me ves hacer (o no hacer) a diario que te parezca que no me deja avanzar?».[*] «Es posible que esa persona nombre el primer comportamiento que se le venga a la mente o el más importante de la lista —indican los autores—. En cualquiera de los casos, podrás obtener información concreta y sacarle poco a poco más detalles, al ritmo que a ti te parezca».

En casa, quizá quieras preguntarle a tu pareja o a otro miembro de la familia: «¿Qué crees que está en mi mano hacer para mejorar nuestra relación? Ya sabes, algún hábito que te gustaría que cambiara o algo con lo que creas que puedo aprender a lidiar mejor».

De entrada, este tipo de pregunta puede tomar al otro por sorpresa, así que dale la oportunidad de que piense un poco antes de contestarte. Claro está que tú tendrás que estar preparado para lo que pueda venir, pero como eres tú el que quiere conocer la opinión del otro, te será fácil tener presente el objetivo, que es actuar mejor en tu relación con esa persona.

---

[*] En otra entrevista, Heen propone la misma técnica para recibir una crítica en una situación determinada. Por ejemplo, podrías preguntar: «¿Qué crees que hubiera podido hacer mejor en esa reunión, o presentación?» (Carolyn O'Hara, «How to Get the Feedback You Need», *Harvard Business Review*, 15 de mayo de 2015, https://hbr.org/2015/05/how-to-get-the-feedback-you-need).

También las grandes organizaciones necesitan críticas para mejorar

Todas las empresas hablan de cuánto valoran la transparencia y la honestidad. La mayoría mienten.

Una empresa verdaderamente transparente, que aliente a todos los empleados a decir sinceramente lo que piensan de la empresa, es difícil de encontrar. En la mayoría de las organizaciones existe, por el contrario, una compleja red de politiqueos de oficina. Los empleados suelen tener pocas ocasiones de comunicarse con sus gerentes y jefes de equipo; y quienes las tienen, dudan de si es lo apropiado expresar alguna opinión crítica, por miedo a que la empresa tome represalias, los rebaje de categoría o los despida.

Si ocupas un puesto de autoridad, este es un método con el que podrás crear verdadera transparencia en tu empresa. Consta de dos pasos:

1. Demuéstralo, premiando los comentarios sinceros

En lugar de crear cámaras de resonancia y fomentar el pensamiento de grupo, anima a los empleados a expresar puntos de vista y opiniones contrarios. Luego, prémialos por hacerlo. Algunas empresas alientan las propuestas de mejora instalando un «buzón de sugerencias» (físico o electrónico) y ofrecen un premio en metálico o una bonificación de otro tipo a aquellos cuyas ideas se lleven a la práctica.

2. Fíjate en el contenido, no en el remitente

Si eres el receptor de un mensaje que critica aspectos de tu empresa, no pierdas el tiempo intentando averiguar quién es el remitente.

Un empleado que llevaba toda su vida trabajando en una empresa fue noticia de primera plana cuando envió, por error, a los miles de empleados, una entrevista de salida* particularmente crítica... El presidente de la compañía lo castigó, y luego hizo el siguiente comentario: «Me hubiera gustado recibir la crítica de un modo más constructivo, porque la verdad es que da que pensar: ¿debería haberme comunicado con más frecuencia? Es un argumento válido».[10] Recuerda, aunque un comentario negativo sea infundado, no deja de ser una valiosa ventana que se nos abre a la perspectiva de los demás.

Por lo tanto, si eres director o ejecutivo, anima a todos los empleados a que expresen lo que piensan como si hoy fuera su último día de trabajo.

Encuentra tus diamantes

A nadie le gusta que le digan que está equivocado. Pero al igual que hacen falta conocimientos y perspicacia para saber apreciar la belleza exquisita de un diamante sin pulir,

---

* *Exit interview*: reunión final entre un directivo y un empleado, que ha decidido renunciar a su trabajo en la empresa, para averiguar los motivos de la dimisión.

debes ir más allá de la superficie, cuando alguien hace un comentario, para poder extraer su verdadero valor.

La información que nos dan los demás nos permite vernos desde otras perspectivas y pone de manifiesto los puntos ciegos. Nos ayuda a entender nuestras cualidades para poder optimizarlas y a identificar nuestros puntos débiles para poder mirarlos de frente.

Como dijo Walt Disney: «Igual no te das cuenta en el momento, pero una patada en los dientes puede ser lo mejor que te haya pasado en la vida».

La necesidad de una opinión externa es la razón por la que las empresas más prósperas del mundo contratan a asesores y por la que los científicos envían sus estudios a otros colegas para una revisión. Es el motivo por el que el chef de renombre internacional Thomas Keller prestó atención a una crítica muy dura, y es el motivo por el que hasta los deportistas con más talento del mundo tienen un entrenador.

Es muy importante que seas capaz de procesar con eficacia cualquier crítica, porque te permitirá expandir tus horizontes y aprender de las experiencias de otros. Esto es así con independencia de cuál sea tu edad o tu sexo y es aplicable a cualquier papel que desempeñes: de pareja, de madre o de padre, de director ejecutivo o de trabajador que se inicia en su primer empleo.

Así que cuando alguien esté dispuesto a decirte lo que piensa, considéralo un regalo. Procesa lo que has oído. Reflexiona sobre ello. Acéptalo. Aprende. Sea negativo o positivo, no dejes que te defina. Toma de ello lo que puedas y sigue adelante.

Y recuerda: aunque normalmente nos sintamos atraídos hacia quienes tienen ideas afines a las nuestras, son aquellos que discrepan de nosotros —los que nos hacen frente, los que nos recuerdan nuestras debilidades y defectos— los que nos ayudan a crecer. Aquellos que nos desafían nos hacen de verdad mejores.

5

La verdad sobre la empatía

Lo bueno, lo malo y los malentendidos

● ● ● ● ● ● ● ● ● ● ● ● ● ● ● ● ● ●

No juzgues a nadie hasta haber caminado
durante dos lunas con sus zapatos
Anónimo

En 2008 estaba planeando la boda con el amor de mi vida, que vivía en Alemania. La vida era fabulosa. Llevaba diez años trabajando en Nueva York para una organización sin ánimo de lucro. Me encantaba el trabajo y tenía la posibilidad de que se me asignara un nuevo puesto. Pero cuando empezamos mi novia y yo a prepararnos para nuestra nueva vida juntos, mi situación laboral dio un giro. Debido a una reorganización, la oficina donde trabajaba tenía que hacer una reducción de personal. Mi puesto de trabajo ya no estaba garantizado, y mi novia y yo empezamos a considerar seriamente la posibilidad de que me fuera a vivir a Alemania. Decidimos que si conseguía mantener el puesto después de la siguiente ronda de recortes, vendría ella a Nueva York. Si no, iría yo a Alemania.

Me dijeron que la decisión final se me comunicaría por carta en un plazo de entre cuatro y seis semanas.

Pasaron seis semanas. Luego siete.

Y ocho.

Nueve...

No estaba seguro de cuánto tiempo más iba a ser capaz de aguantar el suspense. Ya ni siquiera me importaba que me despidieran; simplemente necesitaba saber *algo*. Llamé al departamento de recursos humanos e hice cuanto pude por que me dieran alguna información, pero no conseguí nada.

Al final, decidí tomar otro camino.

Le escribí un correo electrónico directamente al señor Pierce, el jefe de personal, que era además miembro de la junta directiva. Era un mensaje respetuoso pero directo. Le explicaba mi situación, y también que unos días después saldría de viaje hacia Alemania para ver a mi novia. Le conté lo estupendo que sería abrir la carta con ella en persona.

La organización tenía alrededor de seis mil empleados en aquellos momentos, y yo no conocía personalmente al señor Pierce, de modo que sabía que era muy probable que mi mensaje de correo electrónico quedara enterrado para siempre en su buzón de entrada.

Pero después de los que me habían parecido los dos meses y medio más largos de mi vida, pasaron solo dos días desde que envié aquel mensaje hasta que recibí la decisión.

Al día siguiente de enviarlo, me subí a un avión con rumbo a Alemania, y menos de doce horas después, mi novia y yo abríamos juntos la carta.

«Te va a encantar Nueva York», le dije.

Fácil de exigir, difícil de demostrar

Cuando el señor Pierce leyó aquel mensaje hace todos esos años, fue capaz de ver más allá de la solicitud de un encargado joven cualquiera. Leyó la honda preocupación y los sentimientos de uno de sus empleados. Si la cuestión era importante para mí, era importante para él.

Este ejemplo sirve para ilustrar lo que es la empatía, la capacidad de ver y sentir las cosas desde la perspectiva de otra persona.

Oímos hablar con frecuencia de que el mundo necesita más empatía. Sin duda habrás sido testigo de la falta de empatía de una forma u otra: el jefe que no es capaz de valorar los esfuerzos de su equipo, y viceversa; maridos y esposas que ya no se entienden; el padre que ha olvidado lo que era ser adolescente..., y el adolescente que no se da cuenta de cuánto lo quieren sus padres.

O simplemente echa un vistazo en Internet. Entre los comentarios a cualquier artículo, encontrarás los ataques que decenas, si no cientos, de individuos dirigen a alguien a quien no han visto nunca. No son simples diferencias de opinión, sino un aluvión de insultos, burlas e incluso amenazas.

Pero si todos deseamos tanto que los demás intenten ver las cosas desde nuestra perspectiva, ¿por qué a nosotros nos cuesta tanto hacerlo?

En este capítulo, te explicaré por qué suele malinterpretarse la empatía y examinaremos por qué es tan difícil de demostrar. Estudiaremos casos de la vida real que muestran cómo nos ayuda la empatía en la vida cotidiana y también por qué puede hacernos daño. Por último, expondré una serie de medidas concretas que puedes tomar para sentir empatía en su justa medida, que fortalecerá tu relación con los demás y te hará ser más eficaz prácticamente en cualquier tarea.

Qué es empatía (y qué no)

El término *empatía* no empezó a utilizarse hasta hace aproximadamente un siglo. Pero para descubrir las raíces de este concepto, tenemos que remontarnos a una época muy anterior.[1]

El filósofo chino Confucio, que vivió hace más de dos mil quinientos años, enseñó a «nunca desear para los demás lo que no desearíamos para nosotros». Cientos de años después, los cristianos del siglo I leían en el Nuevo Testamento: «Gozaos con los que se gozan y llorad con los que lloran. Sed unánimes entre vosotros» y «Si un miembro padece, todos los miembros se duelen con él».[*]

En la actualidad, encontrarás distintas definiciones del término *empatía* dependiendo de la fuente, pero la

---

[*] Romanos, 12: 15-16; 1 Corintios, 12: 26-28 (N. de la T.).

mayoría son una u otra variante de esto: empatía es la capacidad de comprender y hacer nuestros los pensamientos y sentimientos del otro.

Para sentir y demostrar empatía, no hace falta haber tenido las mismas experiencias o estar en las mismas circunstancias que otra persona. Se trata más bien de intentar mirar las cosas desde su perspectiva, para poder comprender lo que piensa o siente.

Los psicólogos Daniel Goleman y Paul Ekman descomponen el concepto en tres categorías:[2]

La empatía cognitiva es la capacidad de entender cómo se siente alguien y lo que puede estar pensando. Nos hace mejores comunicadores, porque nos ayuda a transmitir información de un modo que pueda llegarle al otro.

La empatía emocional (también llamada «empatía afectiva») es la capacidad de sentir lo que siente otra persona. Algunos dicen que es sentir «el dolor del otro en mi corazón». Este tipo de empatía nos ayuda a establecer conexiones emocionales con los demás.

La empatía compasiva (también llamada «preocupación empática») va más allá de la mera comprensión de lo que otro piensa e incluso de hacer nuestros sus sentimientos: nos mueve a actuar, para ayudar a esa persona como podamos.

Para que te hagas una idea de cómo actúan juntas estas tres ramas de la empatía, imagina que una amiga acaba de perder a alguien de su familia. Tu reacción natural podría ser de simpatía, pena o tristeza. La simpatía tal vez te haga expresarle tus condolencias o escribirle, y tu amiga posiblemente agradezca el gesto.

Pero demostrar empatía conlleva más tiempo y esfuerzo. Empieza por una empatía cognitiva que te hace imaginar por lo que debe de estar pasando tu amiga. ¿Quién ha fallecido? ¿Estaba muy unida a esa persona? Además del dolor por su muerte, ¿en qué va a cambiar la vida de tu amiga a partir de ahora?

Empatía significa sentir el dolor del otro en mi corazón

La empatía emocional te ayuda no solo a entender los sentimientos de tu amiga, sino a hacerlos tuyos. Intentas conectar con algo de ti que conoce ese sentimiento de profunda tristeza y añoranza. Quizá te acuerdas de cómo te sentías cuando perdiste a alguien muy próximo, o imaginas cómo *te sentirías*, si no has vivido ese tipo de experiencia.

Finalmente, la empatía compasiva te mueve a actuar. Podrías llevarle a tu amiga una comida para que no tenga que preocuparse de cocinar; podrías ofrecerte a hacer las llamadas de teléfono ineludibles o alguna tarea doméstica.

La verdad sobre la empatía

Quizá podrías ir a hacerle compañía o, si necesita estar sola, ir a recoger a sus hijos y cuidar de ellos un rato.

Este es solo un ejemplo de cómo ejercitar la empatía, pero cada día te dará nuevas oportunidades de desarrollar esta cualidad. De hecho, toda interacción que tengas con otra persona te da la ocasión de ver las cosas desde una perspectiva distinta, de hacer tuyos sus sentimientos y de ayudarla.

Cómo desarrollar empatía cognitiva

No es fácil saber lo que piensa y siente otra persona. Los movimientos y las expresiones faciales se pueden malinterpretar con facilidad: una sonrisa puede expresar júbilo, pero puede ser también señal de tristeza o de toda una diversidad de emociones. Para desarrollar empatía cognitiva tendrás que recurrir a tu capacidad de adivinación, a partir de la información de que dispones, y los siguientes ejercicios pueden ayudarte a perfeccionarla.

Interactúas con otros individuos continuamente, en el trabajo, en casa, incluso mientras haces la compra o algún recado. Antes de entablar diálogo con ellos, pregúntate qué sabes sobre su punto de vista. Hazte las siguientes preguntas:

- ¿Qué edad tiene? ¿Cuál es su situación familiar?
- ¿De dónde es? ¿En qué ambiente se crió?

- ¿A qué se dedica?
- ¿Tiene problemas de salud?
- ¿Quiénes son sus amigos? ¿A quién admira? ¿Qué metas, necesidades y deseos tiene?
- ¿Qué sabe sobre el tema que estamos tratando? ¿Qué no sabe? ¿Qué opinión tiene al respecto?
- ¿Cómo me sentiría si estuviera en su lugar?
- ¿Sobre qué cuestiones podría tener una opinión distinta de la mía?
- ¿Cómo podría responder a lo que le diga?

Independientemente de lo fácil o difícil que te resulte responder a estas preguntas, la forma en que interpretes el estado de ánimo, la conducta o las ideas de alguien estará influenciada por tu experiencia, así que es importante que tengas en cuenta que no puedes confiar a ciegas en tu primera impresión. También por eso conviene que, después de conversar con alguien, dediques un poco de tiempo a analizar cómo ha sido la interacción formulándote estas preguntas:

- ¿Ha ido todo bien? ¿Por qué, o por qué no?
- ¿Qué parte de su reacción ha sido como yo esperaba? ¿Qué me ha sorprendido?
- ¿Qué le ha gustado y qué no?
- ¿Qué he aprendido de esa persona?

Aprovecha cualquier comentario de tu interlocutor (escrito, verbal, de lenguaje corporal) que pueda ayudarte a aprender de la experiencia. Esto te servirá para comprender mejor no solo a los demás y sus personalidades respectivas, sino también la sensación que les producen tus ideas y tu forma de comunicarte.

Obstáculos para demostrar empatía

Nos gustaría que todos aquellos con los que nos relacionamos tuvieran en cuenta nuestro punto de vista y nuestros sentimientos. Pero ¿cómo es que a nosotros muchas veces nos cuesta hacer lo mismo por ellos? De entrada, exige tiempo y esfuerzo entender lo que sienten los demás y por qué; y francamente, no estamos dispuestos a invertir en cualquiera esos bienes tan preciados. Sin embargo, incluso cuando queremos demostrar empatía —de hecho, incluso cuando creemos que estamos demostrando empatía—, puede que nuestra visión no sea tan clara como creemos que es.

En su libro *Dar y recibir*, el doctor en Psicología de Empresa Adam Grant cita un experimento que llevó a cabo Loran Nordgren, psicólogo de la Universidad del Noroeste, en Illinois, en el que los participantes debían predecir lo doloroso que sería estar en una cámara de congelación durante cinco horas. El primer grupo hizo sus predicciones con un brazo metido en un cubo de agua caliente; el segundo, con un brazo metido en un cubo de agua helada. Como habrás imaginado, los participantes de este segundo grupo supusieron que sería más doloroso que los del primer grupo.

Pero había un tercer grupo, en el que los participantes habían metido también un brazo en agua helada, pero luego lo habían sacado y habían esperado diez minutos antes de hacer una estimación de lo doloroso que sería estar sentados en una sala de congelación.

¿El resultado? Las predicciones del tercer grupo fueron idénticas a las del grupo que había metido el brazo en el cubo de agua caliente.

El tercer grupo había sentido lo que era el frío intenso hacía solo diez minutos, pero en cuanto los participantes dejaron de experimentar aquel grado de dolor, no eran capaces ya de recordarlo de verdad.

En psicología cognitiva se denomina a esto brecha de empatía, o de perspectiva. «Cuando no experimentamos un estado de intensidad física o psicológica —explica Grant—, infravaloramos considerablemente el grado en que nos afectaría».

La brecha de perspectiva explica por qué los médicos no suelen ser capaces de estimar el grado de dolor de sus pacientes, o por qué nos resulta tan difícil ponernos en el lugar de nuestra pareja, nuestra madre o nuestro hijo. Dependiendo de cómo nos sintamos en la actualidad, nos hacemos una idea equivocada de cómo nos comportamos y nos sentimos en el pasado; e incluso aunque hayamos vivido una situación similar a la de la persona con la que intentamos empatizar, tenemos el recuerdo de haber sido mucho más competentes en aquellas circunstancias de lo que realmente fuimos.

El psicólogo y economista comportamental George Loewenstein, que ha estudiado estas brechas de perspectiva durante años, habla de un efecto más que tienen en nosotros, y es que nos crean una sensación exagerada de nuestra fuerza de voluntad. «Cuando se trata de nuestros vicios, somos miopes, impulsivos y hacemos sacrificios ridículos para satisfacerlos —manifestaba en una entrevista—. Pero cuando vemos a los demás sucumbir a los suyos, pensamos: "¡Qué patético!"».[3]

Es algo que experimenté en primera persona hace tiempo.

Mi esposa tenía una costumbre que me sacaba de quicio: quitaba la bolsa de basura del cubo cuando estaba llena pero no ponía otra nueva. Me crispaba llegar al cubo con un puñado de desperdicios y encontrarme con que no había bolsa dentro. Durante años, le pedí, le supliqué, sin que sirviera de nada. Siempre tenía una excusa: o los niños la habían distraído o había tenido que salir de casa a todo correr.

Solía pensar: «¿Cómo puede ser tan desconsiderada? ¿Es que le da igual que se lo pida por favor, algo tan sencillo? ¿Pero no le importa lo que siento?». No lo podía entender.

Luego, un día tuve una revelación.

Mi esposa tampoco entendía que me levantara de la mesa y no llevara mi plato a la cocina. Durante años, me pidió una y otra vez que lo quitara de la mesa en cuanto acabara de comer, para que no se me olvidara. Yo solía contestarle en tono de seguridad que lo recogería «dentro de un minuto».

Una noche entré en el comedor una hora después de que hubiéramos acabado de cenar. La mesa estaba recogida; no había nada encima salvo un plato, sucio.

En ese momento me di cuenta: yo era igual de culpable que ella.

Le pedí perdón por aquella costumbre mía de dejar los platos sucios en la mesa, y le prometí que iba a cambiar. Se convirtió para mí en algo importante, y ella se dio cuenta. Hasta el punto de que ella también cambió: como lo oyes; empezó a poner una bolsa nueva en el cubo de la basura cada vez que sacaba la que estaba llena.

Quizá te parezca un ejemplo trivial, pero aprendimos mucho más que a cambiar la forma de hacer un par de tareas domésticas. Es importante aprender a percibir las brechas de perspectiva, porque cuando en una casa o en un trabajo falta la empatía, las relaciones se deterioran. Las dos partes se preguntan: «Pero ¿cómo puede alguien hacer, o pensar, algo así?». Cada una se obsesiona con los fallos que comete la otra, en lugar de buscar la manera de establecer contacto, y el resultado es un enfrentamiento mental y emocional: las dos partes se mantienen cada una en sus trece, los problemas no se resuelven y las diferencias se vuelven aparentemente irreconciliables.

Afortunadamente, tomar la iniciativa de demostrar empatía puede romper el círculo vicioso.

Cuando sentimos que el otro nos entiende, es más fácil que hagamos a nuestra vez un esfuerzo por entenderlo a él. Con el tiempo, este tipo de intercambio crea una relación de confianza en la que ambas partes se sienten motivadas a concederse una a la otra el beneficio de la duda y a perdonar pequeños deslices.

Y en el fondo, basta con responder a la pregunta: ¿cómo se ven las cosas con los ojos de esa persona?

Para ello, tenemos que empezar por ser más conscientes de nuestros prejuicios y de lo limitada que es nuestra perspectiva; seguir confiando en nuestra experiencia, pero también estar abiertos a ir más allá.

➤ **PRUEBA ESTO:** La próxima vez que te resulte difícil ver las cosas desde la perspectiva del otro, recuerda lo siguiente:

- No conoces la situación al completo. Cualquiera que sea la situación, ten por seguro que hay muchas circunstancias en su vida sobre las que no sabes nada.
- Lo que piensas y sientes sobre una situación puede variar mucho de un día a otro, por la influencia de distintos elementos, entre ellos tu estado de ánimo.
- En momentos de estrés emocional, quizá tengas un comportamiento muy distinto al que hubieras imaginado.

Tener esto presente influirá en la idea que te formes de la otra persona y en cómo te relaciones con ella. Y como todos pasamos por situaciones difíciles en algún momento, es solo cuestión de tiempo que necesites el mismo grado de comprensión.

El siguiente nivel

Es sustancial aprender a cerrar esa brecha de percepción y a identificarnos con las experiencias de los demás para poder desarrollar empatía cognitiva, es decir, para poder comprender lo que alguien piensa y siente.

Pero la empatía emocional nos exige más que eso. El objetivo es hacer verdaderamente nuestros los sentimientos de otra persona, y establecer así una conexión más profunda con ella.

Pensemos, por ejemplo, en Ray, propietario de un pequeño negocio. Vera, la encargada de la oficina, le ha dicho que está desbordada. Además de sus funciones habituales, tiene que ocuparse de hacer el trabajo de un empleado hasta ahora fundamental y que ha pedido una excedencia. Le ha dicho que no da abasto.

Ray la escucha hablar y, de entrada, se siente decepcionado. Antes de contratar a Vera, se ocupaba él mismo de la oficina, así que ya sabe lo agotador que puede ser llevarlo todo al día; pero también ha tenido que vérselas en circunstancias más difíciles durante mucho más tiempo. «No tiene de qué quejarse —piensa—. ¿Por qué no encuentra la manera de hacerlo, y punto?».

En esta situación, es posible que Ray sufra una brecha de perspectiva. Pero tampoco tiene por qué ser necesariamente así; podría ser simplemente que Vera no esté a la altura de las expectativas de Ray, al menos en las circunstancias actuales.

Sin embargo, esta situación le ofrece a Ray la oportunidad de demostrar empatía emocional, de dar prioridad a los sentimientos de Vera en lugar de a su situación laboral.

Vera dice que está desbordada, así que Ray se pregunta: «¿En qué momento me he sentido yo desbordado?». Y se acuerda de una época, recién montado el negocio, en la que intentaba llegar a todo y no era capaz: llamadas para captar clientes, la contabilidad, ponerse al día con los pagos atrasados... Se ocupaba de todo aquello, además de trabajar en lo suyo, y la situación lo llevó al límite.

Al reflexionar sobre todo esto, Ray descubre algo en su interior que le permite conectar con la sensación de desbordamiento que tiene Vera, y, a partir de ese momento, ya no le parece una quejica, sino alguien que quiere hacer bien su trabajo pero necesita ayuda desesperadamente.

Esto, a su vez, lo mueve a demostrar una empatía compasiva buscando la forma de ofrecerle a su empleada la ayuda que necesita. Quizá le pregunte directamente si tiene alguna sugerencia para resolver la situación. Tal vez Ray podría repartir la sobrecarga de trabajo entre otros miembros del equipo. Podría incluso proponerle a Vera que se tome un día libre para recuperarse. Además de beneficiarse de las propuestas de su jefe, Vera se siente ahora motivada por sus esfuerzos sinceros para ayudarla, lo cual la inspira a dar lo mejor de sí.

Indudablemente, no todos los propietarios o gerentes de un negocio contarán con los recursos necesarios para ayudar así a sus empleados, o quizá las circunstancias no lo permitan. Pero cuando conectes de verdad con los sentimientos de alguien, harás cuanto esté en tu mano.

La empatía emocional es tan importante en el día a día porque nos permite ir más allá de nuestras circunstancias particulares. Nos ayuda a entender a gente de distintas condiciones socioeconómicas o de otras culturas, o a conectar con aquellos que tienen una enfermedad o una discapacidad que no conocemos por experiencia.

¿Quieres saber cómo desarrollar empatía emocional?

➤ **PRUEBA ESTO:** Cuando alguien te cuente las dificultades por las que está pasando, escucha atentamente. Resiste la tentación de juzgarlo o juzgar la situación, de interrumpirlo para contar tus propias experiencias o de proponerle una solución. Lo único importante es que comprendas el cómo y el por qué: cómo se siente y por qué se siente así.

Recuerda que cada cual vive las cosas de forma distinta, y que un mismo hecho nos provoca a cada uno emociones diferentes. Por eso, evita frases como estas:

- Sé perfectamente cómo te sientes.
- Yo ya he pasado por eso.
- Te entiendo, no necesitas decir más.

Y sustitúyelas por otras como las siguientes:

- Siento que te haya pasado algo así.
- Imagino cómo debes de sentirte.
- Gracias por hablar de esto conmigo. Sigue contándome.

No es fácil hablar de los sentimientos, así que agradécele a esa persona que se haya abierto a ti, agradécele su since- ridad; eso le dará seguridad y confianza. Dependiendo de quién sea (y de la situación), quizá quieras animarla a que siga hablando, con preguntas como: «¿Y desde cuándo te sientes así?» o «¿Habías vivido antes algo parecido?». Eso sí, ten cuidado de no presionarla; que no sienta que la estás in- terrogando.

Por encima de todo, déjale claro, con palabras y con actos, que estás de su parte.

Otro aspecto importante es que te tomes tiempo para re- flexionar. Una vez que entiendes de verdad cómo se siente esa persona, debes encontrar la manera adecuada de hablar con ella.

> **PRUEBA ESTO:** Pregúntate: «¿Cuándo he sentido yo algo parecido?».

Mi amigo y colega Hendrie Weisinger, autor del famoso libro *Inteligencia emocional en el trabajo*, lo explicó estupenda- mente en una conversación que tuvimos:

Si alguien me dice: «He hecho una presentación desas- trosa», no trato de recordar alguna vez en que yo haya hecho una presentación desastrosa —y he hecho más de una, pero acto seguido he pensado: «¡No es para tanto!»—. Eso no sirve. Pienso en alguna vez que hice algo desastroso, un examen o algo que fuera importan- te para mí, y me sentí muy mal. Es el sentimiento de fracaso lo que uno tiene que recordar, no la circunstancia concreta.

Y si alguien no quiere expresar lo que siente o no es capaz de hacerlo, puedes usar la imaginación para relacionarte con él. Piensa, por ejemplo, en cómo cambia tu forma de comunicarte cuando estás enfermo o sometido a mucha presión, o cuando tienes algún problema serio. ¿Es fácil hablar contigo en esas circunstancias? Recordar que esa persona quizá sienta algo parecido puede ayudarte a tener paciencia y a poner la mejor cara posible en medio de esas circunstancias difíciles.

Obviamente, nunca vas a ser capaz de imaginar *exactamente* cómo se siente el otro; pero si lo intentas, estarás mucho más cerca de lo que en verdad siente que si no.

Una vez que encuentres la manera de conectar con sus sentimientos y tengas una idea más completa de su situación, estás listo para demostrar empatía. Y en ese punto, harás lo que esté en tu mano para ayudarlo.

➤ **PRUEBA ESTO:** Empieza por preguntarle a esa persona directamente cómo puedes ayudarla. Si le cuesta (o no quiere) decírtelo, pregúntate: «¿Qué me ha ayudado a mí cuando he sentido algo parecido?». O: «¿Qué me habría ayudado?». Puedes contar, si quieres, algo similar que tú hayas vivido, o hacer alguna sugerencia, pero evita dar la impresión de que ya lo has visto todo o tienes todas las respuestas. Cuéntalo como algo que a ti te ayudó en el pasado; preséntalo como una opción que podría adaptarse a sus circunstancias, y no como la solución que debería adoptar todo el mundo.

Recuerda que lo que en tu caso surtió efecto, o incluso en el caso de otros, podría no servirle a esa persona. Pero no dejes que eso te disuada de echarle una mano. Haz simplemente lo que puedas.

Los inconvenientes de la empatía

Hemos visto los numerosos beneficios que tiene demostrar empatía, pero es importante que seas consciente también de sus limitaciones y peligros. Dado que la empatía nace de nuestra experiencia emocional, y las emociones intensas tienen un tiempo de vida muy corto, basarnos por completo en la empatía a la hora de tomar una decisión puede resultar desastroso.

Paul Bloom, profesor de Psicología en la Universidad de Yale y autor del libro *Contra la empatía*, afirma que a menudo la empatía nos ciega, y no somos capaces de ver las consecuencias que tendrá a largo plazo una determinada acción. Así, por ejemplo, los gobiernos apelan a nuestra empatía —por la tendencia que tenemos a dejarnos conmover por el sufrimiento de las víctimas— para convencernos de la necesidad de ir a la guerra. Sin embargo, rara vez se menciona el incalculable número de vidas que se perderán en el conflicto bélico ni cuántos problemas ocasionará.[4]

Otro caso en que la empatía podría perjudicar más que ayudar es que desees sinceramente hacer tuyo el dolor de un amigo pero no estés preparado para ofrecerle la ayuda que de verdad necesita, o no estés dispuesto a dársela, y recurras a una solución rápida o a cualquier arreglo para salir del paso. Aunque quizá con esa acción consigas mitigar tu propio dolor, en realidad no has resuelto el problema; es más, tal vez lo hayas empeorado.

Fíjate, por ejemplo, en la experiencia que tuvo mi amiga Nicole en su primer viaje a la India.

Mientras caminaba por las calles, admirando la belleza de los edificios, se enamoró de sus habitantes, siempre encantadores y sonrientes. Pero no podía evitar sentir una punzada de dolor en lo más profundo al ver la pobreza en la que vivían muchos de ellos.

Un día, de repente, se le acercó un muchacho con la mano extendida, y ella, conmovida, le dio unas monedas. Al momento surgió como de la nada un anciano dando chillidos histéricos, agitando en el aire un bastón y gritando insultos contra ella. Nicole se apartó asustada, y tuvo que escaparse prácticamente a la carrera. Cuando estaba ya a cierta distancia y más tranquila, le preguntó a alguien por qué se había enfadado tanto aquel hombre. «Decía que no hubiera debido darle usted ese dinero al muchacho —tradujo al inglés—. Es listo, fuerte, y puede trabajar y arreglárselas solo para tener una vida digna. Y usted le está robando la posibilidad de hacerlo, enseñándole a vivir de limosnas».

A Nicole le afectó mucho esa experiencia. Se había dejado llevar por la empatía: solo quería ayudar de alguna manera, y había pensado que si ella hubiera estado en la posición del muchacho, habría agradecido un poco de dinero. Pero después de reflexionar, se preguntó si no tendría razón el anciano. Con su limosna, ¿no estaba en realidad contribuyendo a perpetuar el problema?

Otro inconveniente potencial que tiene hacer nuestros los pensamientos y sentimientos de los demás, es el desgaste emocional que supone. Los doctores Robin Stern y Diane Divecha, investigadores del Centro de Inteligencia Emocional de la Universidad de Yale, dicen lo siguiente sobre «la trampa de la empatía»:

> El arte de la empatía consiste en atender a las necesidades de los demás sin sacrificar las nuestras. Lo que hace que demostrar empatía sea como andar por la cuerda floja es que, para los beneficiarios, la atención que reciben es profundamente reconfortante [...] [Pero] a la hora de ponernos en la piel del otro, tiene que haber un equilibrio entre emoción y pensamiento y entre nosotros y él; de lo contrario, la empatía se convierte en una trampa, y acabamos sintiéndonos secuestrados por sus sentimientos.

No reconocer este hecho puede acarrearnos fácilmente un enorme desgaste físico y psicológico.

Multitud de estudios han descubierto, por ejemplo, que las enfermeras que trabajan con pacientes terminales tienen alto riesgo de sufrir fatiga por compasión, es decir, «una combinación de agotamiento físico, emocional y espiritual asociada con atender a pacientes que sufren un dolor emocional y un padecimiento físico muy intensos».

Los cuidadores tienen la tentación de dedicar más atención a las necesidades de los pacientes que a las suyas, lo cual crea las condiciones propicias para sufrir un serio desgaste.[5]

Por supuesto, no es necesario que seamos ni enfermeros ni cuidadores para caer en la trampa de la empatía.[6] El Pew Research Center analizó una serie de estudios y vio que, en ciertos casos, el uso de las redes sociales provocaba un alto grado de estrés. ¿Por qué? Básicamente, porque los usuarios estaban más enterados de las dificultades que vivían muchos de los que participaban en la misma red.[7]

Por ejemplo:

- Si una mujer sabía que alguien próximo acababa de perder un hijo o a su pareja, su nivel de estrés aumentaba un 14 %.
- Si una mujer sabía que a un conocido suyo lo habían despedido o le habían recortado el sueldo, su nivel de estrés psicológico se incrementaba un 9 %.
- Si una mujer sabía que alguien cercano estaba hospitalizado o había sufrido un accidente o una lesión graves, su estrés psicológico era un 5 % más alto.

El problema no es que los usuarios de las redes sociales se enteren de los sucesos dolorosos que viven los demás, sino que el progreso de la tecnología digital propicia que nos enteremos de ellos mucho antes y uno detrás de otro. Cierto, estar informados de las dificultades que otros están viviendo nos ofrece más oportunidades de brindar ayuda y consuelo; pero estar constantemente expuestos a los problemas de los demás puede llevarnos al agotamiento emocional.

Todo lo expuesto nos demuestra que pese a lo útil que puede ser la empatía para conectar con los demás y fortalecer las relaciones, puede ser también perjudicial en ciertos contextos. En ese caso, ¿cómo podemos mantener el grado justo de empatía?

Empatía emocionalmente inteligente

La clave de la empatía emocionalmente inteligente, es decir, que funcione a tu favor y no en tu contra, es encontrar el equilibrio justo.

Ante todo, recuerda que la finalidad de la empatía es ayudarte a comprender mejor a los demás y sus necesidades emocionales, pero no a expensas de las tuyas. Si has viajado en avión, ya conoces la norma: primero ponte tú la máscara de oxígeno, y luego intenta ayudar a los demás; de lo contrario, no vas a poder ayudar demasiado, o durante demasiado tiempo. Lo mismo sucede aquí. Para poder demostrar verdadera empatía, conviene que antes conozcas tus propias emociones y necesidades. Esto significa, entre otras cosas, ser lo más consciente posible de ti mismo; por ejemplo, aplicando los ejercicios que te proponía en los primeros capítulos.

Uno de los problemas que plantea la empatía emocional es que, por más que nos pese, no es una cualidad que podamos activar y desactivar a voluntad: una vez que desarrollamos la capacidad de conectar con los sentimientos de los demás, se presenta automáticamente (quizá te des cuenta de esto cuando, de repente, se te salten las lágrimas oyendo a alguien hablar, viendo una película o escuchando una canción). El objetivo es demostrar empatía sin consumirte, y para eso tendrás que poner límites o incluso apartarte de ciertas situaciones.

➤ **PRUEBA ESTO:** Si tu trabajo te exige que estés alerta mucho tiempo seguido (por ejemplo, si eres maestro o enfermero), es fácil que llegues a un punto de agotamiento emocional. Para evitarlo, podrías plantearte hacer descansos más cortos pero más frecuentes que te permitan «recargar las pilas». O, con la ayuda de tu jefe o de tus colegas, podrías redistribuir ciertas tareas u obligaciones (o al menos reorganizar cuándo realizarlas) para que todo el mundo tenga una jornada laboral más equilibrada.

➤ **PRUEBA ESTO:** Supongamos que tu pareja acaba de llegar a casa después de un día de trabajo infernal. Pero tú también has tenido un día espantoso y no estás en condiciones de ofrecerle comprensión ni empatía; de hecho, eso es precisamente lo que necesitarías recibir tú.

En esa situación, podrías decir algo como: «Siento que hayas tenido un mal día; yo también he tenido un día horrible. ¿Qué te parece si nos relajamos (o hacemos ejercicio, o cenamos tranquilamente) juntos? Igual después podemos salir a dar un paseo y hablar de todo ello».

Este tipo de respuesta deja claro cuáles son tus necesidades y a la vez tiene en cuenta las de tu pareja. Y aunque se tarda solo unos segundos en pronunciarla, puede influir mucho en cómo viváis las horas, o incluso los días, siguientes.

> ➤ **PRUEBA ESTO:** Si tienes la sensación de que las redes sociales te están consumiendo, limita el tiempo que vas a dedicarles. Ponte un despertador y planea algo que te guste hacer para que, cuando suene la alarma, no te cueste desconectarte de la pantalla.

Por último, la empatía emocionalmente inteligente incluye también que te des cuenta de cuándo alguien no quiere que lo ayudes o sencillamente no está preparado para hablar de lo que piensa o lo que siente. En esos casos, concédele tanto tiempo y espacio como puedas. Hazle saber que estás a su disposición para hablar cuando lo necesite, y no tengas miedo de volver a ponerte en contacto con él al cabo de un tiempo.

La práctica de la empatía

La ejecutiva de Facebook Sheryl Sandberg mostró hace poco un ejemplo verídico de empatía compasiva.

Sandberg había pasado una época muy dolorosa después de perder a su marido, que había muerto inesperadamente durante un viaje a México en 2015. De la noche a la mañana, tuvo que hacer frente no solo al dolor de haber perdido a su pareja, sino también a las dificultades de criar sola a sus dos hijos. Cuando había pasado apenas un mes desde la muerte de su marido, Sandberg nos abrió una ventana a sus pensamientos y emociones con una entrada que publicó en Facebook: «Creo que cuando ocurre una tragedia, nos ofrece la posibilidad de elegir —escribió—: podemos sumirnos en el vacío que se ha apoderado del corazón y los pulmones y no nos deja pensar, casi ni respirar, o podemos intentar encontrarle un significado».[8]

Con aquella publicación, nos permitió vislumbrar la magnitud de su aflicción, pero también nos mostraba que quería aprender de las circunstancias en las que se encontraba de repente y utilizar ese aprendizaje para ayudar a otros.

En febrero de 2017, publicó otra entrada en Facebook, esta vez para anunciar cambios importantes en la política de la empresa, entre los que estaban los permisos de trabajo retribuidos —de diverso número de días— para vivir el duelo por la muerte de un integrante del grupo familiar o un pariente más lejano, así como para cuidar a miembros de la familia que sufrieran una enfermedad puntual o crónica. «En medio de la pesadilla que fue la muerte de Dave, en aquel momento en que mis hijos me necesitaban más que nunca, daba gracias cada día por trabajar en una empresa que tiene flexibilidad laboral y concede un permiso de duelo —escribía—. Necesitaba las dos cosas para empezar a recuperarme».[9]

Sandberg hizo más que encontrar la manera de seguir con su vida. Utilizó la desgracia como catalizador para reflexionar sobre el dolor que podían sentir aquellos que se encontraban en circunstancias similares. Y además de sentir empatía, la *puso en práctica* y tomó medidas para ayudar a otros.

Por supuesto, no hace falta ser ejecutivo para demostrar empatía hacia los demás; se nos presentan oportunidades a diario.

La próxima vez que tu pareja, un colega, un amigo o alguien de la familia te diga que está agotado, no lo contemples como algo negativo; acuérdate de cómo te ayudó esa persona (u otra) la última vez que tú te sentiste así y úsalo como modelo para hacer algo positivo y levantarle el ánimo.

En eso consiste la empatía compasiva: en ser capaz de convertir la toma de perspectiva, es decir, la capacidad de ponerse en el lugar del otro, y la compasión en una acción eficaz. Consiste en mostrar al otro que, aunque no entiendas con exactitud lo que está viviendo, percibes su dolor y quieres ayudarlo.

Demostrar empatía de esta manera exige tiempo y esfuerzo, pero es una inversión que fortalece las relaciones y saca lo mejor de los demás.

Vale su peso en oro

La empatía es un componente esencial de la inteligencia emocional, un componente que aviva la conexión entre tú y el otro. Conlleva una combinación de aptitudes, entre ellas saber escuchar y hacer un buen uso de la imaginación.

En esencia, el concepto de empatía está sintetizado a la perfección en la máxima que llamamos «la regla de oro»: trata a los demás como quieres que te traten a ti.

En pocas palabras, la regla de oro representa los tres elementos de la empatía: los aspectos cognitivo, emocional y compasivo. Para ponerla en práctica, no basta con pensar y sentir, sino que debemos además actuar.

Los críticos aseguran que la regla de oro no sirve, ya que, en definitiva, cada uno tiene principios y gustos distintos. ¿No debería ser, por tanto, «trata a los demás como *quieren* que los trates»?

No obstante este razonamiento pasa por alto un aspecto muy importante. Lo magnífico de esta máxima es su carácter eminentemente práctico. La regla de oro es fácil de recordar, y fomenta la consideración y la conexión. Además, cumplirla nos *exige*, en última instancia, tener en cuenta los gustos, valores y perspectivas de los demás.

¿No es eso, al fin y al cabo, lo que te gustaría que ellos hicieran contigo?

Pero no te equivoques: no es fácil vivir de acuerdo con estos principios. Significa resistir la tentación de sacar conclusiones precipitadas —algo que nos encanta— y conceder a los demás el beneficio de la duda. Sin embargo, cuando la empatía se vive con inteligencia emocional, puede mejorar sustancialmente la calidad de nuestras relaciones e incluso nuestra calidad de vida.

¿Te acuerdas del señor Pierce, el ejecutivo del primer relato de este capitulo?

Lamentablemente, murió hace unos años. Muchas veces me he preguntado cuántos correos electrónicos, cartas y solicitudes leería a lo largo de su vida. Un comunicado de prensa decía lo siguiente:

> El señor Pierce formó parte de diversos comités [...] y sus responsabilidades empresariales lo obligaron a viajar con frecuencia [...] Pero pese a estar tan ocupado, era famoso por nunca estarlo hasta el punto de no escuchar a quienes necesitaban ayuda o consejo, y tranquilizaba a todo el mundo con su sonrisa cálida y su sentido del humor. Sus colaboradores más íntimos dicen que congeniaba con gente de todas las clases sociales y culturas.[10]

Nunca olvidé las lecciones que el señor Pierce me enseñó hace muchos años, y estoy seguro de que son muchos los que tampoco las han olvidado.

La empatía no tiene precio. Nos hace más flexibles y comprensivos, y hace más grata nuestra compañía. Pero aunque la capacidad de hacer nuestros los sentimientos de los demás sea un regalo, debemos usarlo bien, para evitar que nos haga daño.

Aprende a hacerlo, y no solo se fortalecerán tus relaciones, sino que tu vida se irá enriqueciendo a medida que aprendas a ver el mundo a través de los ojos de los demás.

6

El poder de la influencia

La conexión emocional destruye barreras y transforma nuestra manera de pensar

• • • • • • • • • • • • • • • •

Aquellos que no oyen tendrán que sentir.
Proverbio alemán

C hris Voss posiblemente sea el mejor negociador del mundo.

Pasó más de veinte años en el FBI, y dedicó quince de ellos a hacer de mediador de secuestros, durante los cuales intervino en más de ciento cincuenta secuestros internacionales. Con el tiempo, lo eligieron entre miles de agentes para trabajar como principal negociador de secuestros internacionales del FBI, cargo que ocupó durante cuatro años.

Voss recuerda un día de 1998 en que estaba apostado en un estrecho pasillo delante de un apartamento de Harlem.[1] Le acababan de informar de que dentro había tres fugitivos armados hasta los dientes, los mismos que unos días antes habían iniciado un tiroteo contra los integrantes de una banda rival. Un equipo SWAT (*special weapons and tacticts*, 'armas y tácticas especiales') estaba en guardia unos pasos detrás de Voss. La misión de este era convencer a los fugitivos de que se rindieran, para no tener que irrumpir a tiros.

Sin un número de teléfono al que llamar, Voss no tenía otro remedio que hablar a través de la puerta del apartamento. Lo hizo durante seis horas, sin recibir respuesta. Empezó a preguntarse si había alguien dentro.

De repente, la puerta se abrió. Salió una mujer, seguida de los tres fugitivos.

No hubo un solo tiro. No murió nadie. No hubo ni siquiera una palabra más alta que otra. ¿Cómo lo hizo?

Empleando su «voz de *disc-jockey* de FM nocturno», repitió variantes de lo siguiente: «Parece que no queréis salir. Parece que os preocupa que, si abrís la puerta, entremos a tiros. Parece que no queréis volver a la cárcel».

Más tarde, Voss tuvo curiosidad por saber qué había sido exactamente lo que había convencido a los fugitivos y los había hecho salir. «No queríamos que nos arrestaran ni nos dispararan, pero usted nos tranquilizó sobre eso —dijeron—. Al final, estábamos seguros de que no se iría, así que salimos».

Voss fue perfeccionando con los años sus métodos de negociación, y esto le permitió salvar cientos de vidas. En un entrevista me dijo:

No soy yo quien introduce la emoción. Es más que evidente que está ya ahí, aunque nadie quiera admitirlo. En medio de cualquier comunicación, es palpable la presencia de lo que queremos, que está basado en lo que nos importa. Todos, absolutamente todos, tomamos cada decisión de nuestra vida basándonos en lo que nos importa de verdad, de ahí que la toma de decisiones sea, por definición, un proceso emocional.

En esos momentos me digo: «Dejémonos de bromas». Los negociadores no se andan con bromas en lo que respecta a las emociones. Se trata, en definitiva, de saber apelar a las emociones, de ir allanando el camino hasta estar finalmente en una posición de influencia. La cuestión es saber generar confianza: eso es lo que nos permite influir en el desenlace.

Nos permite hacer que la gente cambie de opinión.[2]

El mundo es tu campo de entrenamiento

Quizá nunca tengas que mediar en un secuestro, pero todos los días te encuentras con innumerables oportunidades de influir y recibir influencias.

Cada interacción con otro individuo crea una relación o influye en ella de algún modo. Algunas de esas relaciones son muy breves, como la que establecemos con el vendedor de una tienda, al que no volveremos a ver nunca más; otras, las que mantenemos con la familia y con nuestros amigos, duran toda la vida. Pero cada conexión con otro ser humano, sea quien sea, es a la vez un intercambio y una oportunidad: de ayudar o de que nos ayuden, de hacer daño o de que nos lo hagan a nosotros.

El arte de relacionarse consiste en saber sacar lo mejor de esas interacciones. Se fundamenta en el principio de la influencia, es decir, en la capacidad de influir en otro y en su comportamiento, así como en la capacidad del otro para influir en ti. Pero aunque algunas influencias se producen espontánea e ininten cionadamente —está claro que cuanto más tiempo pasamos con alguien, más influimos en él, y viceversa—, cuando gestionamos las relaciones lo hacemos con un propósito. Para conseguirlo, utilizamos las otras tres aptitudes que forman parte de la inteligencia emocional: la conciencia de nosotros mismos, la regulación emocional y la sensibilidad social, que nos ayudarán a persuadir y motivar a los demás, a lidiar de un modo más inteligente con el conflicto y a hacer que las relaciones sean lo más provechosas posible para todas las partes.

En este capítulo, vamos a examinar los matices de la influencia y a ver qué significa en la práctica gestionar las relaciones y cómo puede ayudarte a ser mejor compañero en todas las esferas de la vida.

El objetivo es muy simple: hacer salir lo mejor de los demás y dejar que ellos hagan salir lo mejor de ti.

Qué entendemos por influencia

La influencia es el acto de tener un efecto en el carácter o comportamiento de alguien sin utilizar la fuerza y sin que sea una imposición. Con frecuencia es imperceptible: una estadounidense que se traslade al Reino Unido quizá no se dé cuenta de la influencia que tienen en su vocabulario o en su acento sus compañeros, hasta que vuelve a Estados Unidos y su familia le comenta lo raro que se les hace oírla hablar así.

También es posible que alguien nos influya involuntariamente de un modo poco beneficioso. Un joven que carezca de sensibilidad social puede no darse cuenta de que tiene la tendencia a hablar demasiado de sí mismo, tanto que los demás lo evitan siempre que pueden. O quizá tienes un amigo íntimo que es tan agresivo cuando expresa sus opiniones que dejas de preguntarle lo que piensa. Ninguno de los dos es en absoluto consciente de la sensación que produce en los demás.

Luego está la influencia *intencionada*, dirigida a inspirar a otros a ver las cosas desde una perspectiva nueva, a pensar de manera distinta e incluso a cambiar de comportamiento, utilizando los principios de la persuasión y la motivación para resolver los conflictos o vencer los obstáculos que se interpongan.

Puede ser una tentativa de influir en alguien a corto plazo. Por ejemplo, es posible que intentes:

- Persuadir a tu pareja de la necesidad de comprar algo (o de no comprarlo).
- Predisponer a tu hijo a que recoja su habitación, sin pedírselo directamente.
- Tranquilizar a una amiga que está angustiada.

O tal vez quieras que la influencia tenga efectos más prolongados, como cuando tratas de:

- Ayudar a tu pareja a dejar de fumar y a hacer más ejercicio.
- Evitar que tu jefe te controle hasta en el mínimo detalle.
- Infundir carácter y valores personales a tus hijos.

Por supuesto, la habilidad de influir en los demás se puede utilizar tanto en beneficio como en perjuicio suyo. En el capítulo ocho, veremos que la influencia y otros elementos de la inteligencia emocional pueden emplearse con malos fines, y te contaré también cómo protegerte de ellos.

Pero primero vamos a examinar varios métodos de influencia y a ver cómo funcionan en la práctica.

Demostrar interés

En su libro, ya clásico, *Cómo ganar amigos e influir sobre las personas*, Dale Carnegie habla de la noche en que conoció a un botánico muy distinguido durante una cena. Cuenta que se pasó toda la velada sentado en el borde de la silla, fascinado oyendo las explicaciones de aquel hombre sobre plantas exóticas y experimentos de jardinería. Le hizo un sinfín de preguntas sobre los problemas que él tenía con su jardín y luego le dio las gracias por su ayuda. Cuando llegó la hora de marcharse, el botánico se volvió hacia el anfitrión y alabó a Carnegie, calificándolo de «conversador extraordinariamente estimulante» y «ameno».

Este episodio ilustra de maravilla una de las primeras claves de la influencia, que es demostrar interés.

Nuestro interlocutor siente que nos interesa cuando le hacemos preguntas, no intentando entrometernos, sino con sincera curiosidad. «¿De dónde eres?», «¿dónde creciste?» y «¿dónde has vivido?» son tres variantes de una pregunta sencilla que podría ser el inicio de una larga conversación. «Si aspiras a ser buen conversador —aconsejaba Carnegie—, escucha atentamente [...] Recuerda que la persona con la que hablas está cien veces más interesada en sí misma y en sus necesidades y problemas que en ti y en los tuyos».

Si este era un consejo valioso cuando Carnegie lo escribió, hoy en día es aún más relevante, ya que la tecnología moderna ha hecho que los períodos de atención sean cada día más reducidos. En cualquier restaurante al que vayas, verás sin duda a más de un comensal que no puede resistir la tentación de consultar el teléfono móvil cada dos o tres minutos, a menudo para disgusto de sus acompañantes. Por el contrario, cuando tratas a tu interlocutor como si fuera la persona más interesante de la sala, esa curiosidad por sus pensamientos y opiniones te distingue de los demás. En esa conversación nada es correcto ni está equivocado; es un simple intercambio de perspectivas. Cuando te interesa comprender por qué piensa o siente el otro de determinada manera, espontáneamente nace en él la curiosidad por ti; como consecuencia, estará más receptivo y más dispuesto a tener en cuenta tus pensamientos y opiniones, incluso aunque no coincidan con los suyos.

Hacerle a alguien sentirse interesante lo mantiene en primer plano, y, paradójicamente, te convierte en la persona con la que a todo el mundo le encanta conversar. Porque ¿a quién no le gusta hablar de sí mismo?

Inspirar respeto

El respeto genera respeto. Quizá lo que acabo de decir te parezca de sentido común, pero, como sociedad, demostrar respeto empieza a ser un arte casi desaparecido. El sarcasmo y los comentarios de mal gusto se han convertido en la reacción más normal, en el trabajo y en casa. Además, cuando las pasiones se apoderan de nosotros, olvidamos con facilidad los principios más elementales de la cortesía.

Estas son algunas sugerencias que te ayudarán a ganarte el respeto de los demás.

1. Haz una señal de reconocimiento

Antes incluso de intercambiar una palabra con alguien, puedes demostrarle respeto expresando que eres consciente de su presencia. Una leve inclinación de cabeza, una sonrisa o un simple *hola* pueden ayudarte a causarle buena impresión.

Cuando tratéis un tema en el que no estéis de acuerdo, aprende a admitir sus opiniones. Dale las gracias por su franqueza y por exponer su perspectiva. Si no entiendes sus razonamientos, hazle las preguntas que te parezcan necesarias, y, para aclarar cualquier duda, prueba a reformular sus argumentos con tus propias palabras. Todo esto contribuye a que tu interlocutor sienta que lo escuchas.

2. Llega hasta el fondo

Ten cuidado de no sacar conclusiones precipitadas basándote en sucesos o situaciones que no has presenciado en persona; muy probablemente, en el relato que a ti te llegue se habrán omitido detalles y circunstancias relevantes. E incluso aunque hayas sido testigo presencial de una situación, la lente de tus prejuicios o tendencias habrá condicionado tu forma de percibirla.

Asegúrate de conocer todos los detalles antes de decidirte a intervenir. Pide a otros que estuvieran presentes sus respectivas versiones de lo ocurrido; te agradecerán que te tomes la molestia de escuchar su perspectiva, lo cual favorece un diálogo respetuoso.

3. Marca el tono

Si te diriges a alguien en tono tranquilo y le hablas con sensatez, será mucho más probable que te responda de la misma forma. Escucha sus dificultades y preocupaciones, y estará mucho más dispuesto a escucharte. Si, por el contrario, empiezas hablándole en un tono cáustico y sarcástico, o le gritas, solo conseguirás que la amígdala de tu interlocutor tome el mando.

Si quieres que comprenda una determinada cuestión, procura ser amable e imparcial, no acusador. Ya lo dice el viejo refrán: se atraen más moscas con una gota de miel que con un barril de hiel. Al menos, usa la miel de aperitivo.

4. Procura dar una imagen equilibrada

Solemos perderles rápidamente el respeto a quienes se muestran vanidosos y altivos. Pero el extremo opuesto es igual de peligroso: si te falta confianza o convicción, darás una imagen de persona débil y se te tachará de pusilánime.

Procura, por tanto, dar una imagen equilibrada de ti en relación con los demás. Tienes mucho que ofrecer, pero también ellos. No es fácil mantener esa sensación de ti mismo, sobre todo cuando te enfrentas a una opinión o unas creencias radicalmente opuestas a las tuyas; sin embargo, es posible, si apelas a la sensatez y las cualidades positivas, tanto tuyas como de tus interlocutores.

Razonar con empatía

Imagina que estás hablando con alguien y, de pronto, la conversación gira hacia un tema controvertido sobre el que, casualmente, tienes convicciones muy firmes. Tu interlocutor, que opina lo contrario, empieza a expresar con vehemencia las suyas.

¿Cómo respondes?

En muchos casos, quizá quieras poner fin a la conversación, porque te parece que no vale la pena el desgaste emocional que va a suponer, o que no son ni el momento ni el lugar oportunos. O tal vez entres al trapo, sin ninguna consideración por la perspectiva del otro, y lo ataques con igual vehemencia diciéndole que está equivocado, a la par que te empeñas en demostrar que tienes razón con argumentos que tú (y a menudo solo tú) consideras irrebatibles. Podrías llegar incluso a atacar su forma de ser, y acusarlo de falta de integridad o de sentido común, todo lo cual le provoca a tu interlocutor una reacción emocional parecida. Con toda esa larga sucesión de ataques y contraataques, no se consigue nada: los dos os habéis cerrado completamente en banda y, al final, vuestros puntos de vista están más alejados aún que al principio.

Hay, afortunadamente, una manera mejor de salir del aprieto. Se llama razonar con empatía.

Iniciar una discusión basándonos en la razón tiene solidez, sensatez y fundamento. El problema es que lo que un interlocutor considera sólido, sensato y fundado es muy diferente de lo que algunos opinan sobre ello, más aún cuando se trata de temas controvertidos. Por eso la empatía es tan importante, ya que nos permite razonar desde el punto de vista del otro y no solo desde el nuestro.

Razonar con empatía favorece la escucha deliberada y da que pensar a nuestro interlocutor incluso mucho después de que la conversación haya terminado. Nos ayuda a allanar el camino para futuras discusiones y aumenta la posibilidad de que también él esté dispuesto a tener en cuenta un punto de vista alternativo o incluso cambie de opinión.

Así que, en lugar de intimidar a los demás con argumentaciones que los indisponen contra ti, ¿qué puedes hacer para que te escuchen y reflexionen?

1. Empieza desde un punto de coincidencia

Cuando quieras convencer a alguien, es importante que primero encuentres algo en lo que estéis de acuerdo; eso ayuda a ver al otro como un aliado, y no como un enemigo. El carismático profesor de ciencias empresariales Jay Conger, autor de *The Necessary Art of Persuasion* [El imprescindible arte de la persuasión] explica:

> Cuanto más diestros seamos en exponer de forma clara las ventajas que ofrece nuestra postura, más capaces seremos de persuadir a los demás. Como sabe cualquier madre, la manera más rápida de conseguir que nuestro hijo nos acompañe de buena gana al supermercado es recordarle el expositor de piruletas que hay en la línea de caja [...] En [otras] situaciones, los conceptos y la forma de expresarlos serán más complejos, pero la táctica básica es la misma. La cuestión es descubrir y destacar los beneficios comunes.[3]

A la hora de decidir cómo exponer nuestro razonamiento, es fundamental que antes sepamos a quién nos dirigimos. Tenemos que saber, obviamente, qué le importa a nuestro interlocutor, pero es igual de importante que sepamos por qué le importa. De lo contrario, es posible que todos nuestros esfuerzos por convencerlo vayan mal encaminados.

Si te diriges a un público, para descubrir un terreno común tendrás que trabajar un poco de antemano: conversar con quienes lo componen y con personas próximas a ellos y escuchar con atención lo que te dicen.

Conger explica:

> [A los expertos en el arte de la persuasión] tomar estas
> medidas les hace pensar detenidamente en los argumen-
> tos, pruebas y perspectivas que expondrán. Muchas ve-
> ces, aun antes de intentar convencer a su audiencia, ese
> primer contacto los obligará a modificar sus planes o a
> transigir en ciertos aspectos. Es con esta actitud reflexi-
> va e inquisitiva como logran hacer sus propuestas de un
> modo que al público le resulte convincente.

Por poner un ejemplo, imaginemos que quieres convencer a tu supervisor de que te mereces un aumento de
sueldo. Podrías entrar en su despacho y soltárselo a bo-
cajarro, explicarle en detalle todo lo que has hecho por la
empresa a lo largo de los años, tus aptitudes excepcionales y una larga lista de logros. Desde tu punto de vista, son
argumentos más que convincentes.

Lo que tú no sabes, sin embargo, es que tu supervisor acaba de recibir unas críticas muy duras por salirse
del presupuesto y está dispuesto a hacer lo que sea para
resolver el problema, incluso reducir la plantilla. Y ahora,
al saber lo insatisfecho que estás con tu situación actual,
quizá decida que lo más fácil sea despedirte.

Pero ¿y si antes de dirigirte a él te ocupas de saber
qué necesidades tiene? Haciendo un pequeño sondeo, te
enteras de cuál es actualmente su prioridad y entiendes
que si eres capaz de ayudarlo a que los gastos del departamento se ajusten al presupuesto, estarás en una posición
más ventajosa para pedirle el aumento que crees merecer.

Una actitud empática te ayuda a organizar tus razonamientos en torno a las prioridades de tu supervisor, a ofrecerle una solución concreta al problema que más le inquieta en este momento y a que aumenten, además, tus probabilidades de conseguir lo que quieres.

2. Haz preguntas estratégicas

Es importante que sigas intentando saber lo más posible sobre tu interlocutor incluso una vez que estéis en medio de la discusión.

Formularle las preguntas adecuadas le dará ocasión de expresarse y revelar lo que piensa sobre el tema, y dará pie a poder mantener un diálogo más abierto y a entender mejor la posición en que se encuentra.

Por ejemplo:

- ¿Qué piensa usted sobre...?
- ¿Qué lo ha convencido de que...?
- ¿Cómo reaccionaría usted si...?
- ¿Qué necesitaría para cambiar de opinión sobre...?

Además, pedirle a alguien una explicación detallada de su postura y de lo que la motiva puede hacerle reflexionar con más detenimiento sobre el asunto. Con frecuencia, se dará cuenta de que no conoce el tema con tanto detalle como imaginaba, lo cual le hará suavizar su postura.

3. Presenta pruebas que creas que a tu interlocutor le merecen respeto

Cualquier argumentación debe estar basada en pruebas sólidas para ser convincente. Ahora bien, en un mundo que está repleto de datos confusos e información descaradamente falsa, ¿cómo encontramos pruebas que sean a la vez persuasivas y ciertas?

Recuerda que te relacionas con gente de distintas culturas, que cada uno hemos tenido una educación y unas experiencias diferentes y que, como consecuencia, lo que para un individuo es convincente puede no serlo para otro. Por eso debes escuchar y estudiar con atención los argumentos de tu interlocutor. ¿Quién tiene influencia en él y le inspira? ¿Qué investigaciones cita, qué fuentes? Después de responder a estas preguntas, puedes buscar datos y opiniones expertas de fuentes que posiblemente le merezcan respeto (eso sí, ten cuidado de no equivocarte cuando cites una fuente o de no sacar de contexto la información, lo cual te quitaría credibilidad).

No nos engañemos, estos esfuerzos exigen tiempo y dedicación; pero es una inversión que vale la pena, ya que te permite presentar pruebas de un modo que despierte el interés de tu interlocutor, en lugar de perder el tiempo exponiendo argumentos de los que tal vez no haga ningún caso.

4. Aprende cuándo ceder

Es posible que, en el curso de una discusión, estés cada vez más convencido de que tu interlocutor no tiene razón. Tal vez descubras que, en lo sustancial, sus argumentos no se sostienen y te sientas tentado a «darle la estocada final».

Conviene que tengas en cuenta que vivimos apegados emocionalmente a nuestras convicciones y creencias. Si adoptas una postura de intransigencia despiadada y pones en evidencia cada fallo que encuentras en el razonamiento de tu interlocutor, se va a sentir atacado. Eso significa que la amígdala tomará el mando, y tu interlocutor perderá por completo el interés en seguir escuchando y razonando; solo le importará defenderse o contraatacar.

En lugar de intentar ocupar una posición dominante, procura aprender todo lo que puedas sobre su punto de vista y las razones en que se fundamentan sus ideas. Luego, busca un terreno común, un punto de coincidencia lo bastante sólido como para poder basar posteriormente en él tu discurso. Y por encima de todo, haz cuanto esté en tu mano por que la conversación le deje a tu interlocutor buen sabor de boca: dale las gracias por expresar su opinión con franqueza y por ayudarte a entender su punto de vista.

Recuerda que tener una influencia duradera lleva tiempo. Tu objetivo no es «ganar la discusión» ni hacer que alguien cambie de opinión en un solo diálogo. Procura mirar un poco más lejos.

Tacto es saber expresar lo que queremos decir sin crearnos un enemigo.

Isaac Newton

Conmover a tu interlocutor

Convencer a alguien de una verdad es muy distinto de motivarlo a hacer algo al respecto.

Para impulsar verdaderamente a alguien a actuar, tienes que avivar en él un interés, penetrar hasta lo más profundo y estimular su pensamiento y su sentir. Los artistas son expertos en provocar una respuesta emocional. Piensa en tu actor, bailarín o músico predilectos. Probablemente, lo que te gusta de ellos es lo que son capaces de hacerte sentir. A pesar de no haber estado nunca en persona con ellos, consiguen llegarte a lo más hondo; te hacen reír, llorar y bailar cuando nadie te ve.

O piensa en tu época de estudiante. ¿Te acuerdas de quién era tu maestra o tu profesora favorita? Tenía aquella capacidad asombrosa de infundir vida hasta al tema más aburrido. Las anécdotas que contaba, el interés que ponía en las clases...; verla te alegraba el día. Posiblemente, aquella profesora influyó poderosamente en que hoy seas quien eres.

Aunque el contexto en el que quieras tener influencia en estos momentos sea diferente, los principios para establecer una conexión emocional son los mismos. Para tener alguna oportunidad de motivar a otro a actuar, le tienes que conmover.

Estas son algunas formas de hacerlo.

1. Transmite pasión

El entusiasmo es contagioso. Si de verdad crees en lo que dices, inevitablemente transmitirás pasión e inspirarás a los demás (fíjate en la energía contagiosa que transmiten un buen entrenador o un instructor personal).

Esto no significa que tengas que fingir entusiasmo o convertirte en alguien que no eres. Lo más importante es que *tú* estés plenamente convencido; si no lo estás, dedica un poco de tiempo a reflexionar sobre la idea y sobre cómo darle coherencia; piensa bien la propuesta, y hazla lo más atractiva posible. Así, tu pasión será auténtica.

2. Utiliza ejemplos y aprovecha la fuerza de las anécdotas personales

Los números, los datos y los argumentos bien estructurados son aspectos importantes de una exposición convincente. Pero por sí solos tienen un alcance limitado. Son, en una palabra, aburridos.

En cambio, a todo el mundo le encanta un buen relato. Cuando utilizas una anécdota o ejemplo real para ilustrar tu propuesta, la idea cobra vida para quien te escucha: aviva sus facultades mentales; le conmueve. Además, creas con ello un puente entre la teoría y la práctica.

No te limites a relatar hechos; encuentra la manera de darles vida.

3. Repite. Repite. Repite

Los grandes profesores son maestros de la repetición. Piensa en cuántas veces te tuvieron que decir tus padres las mismas cosas hasta que las entendiste de verdad. O fíjate en cómo los grandes oradores repiten cada tanto una frase clave, como si se tratara del estribillo de tu canción favorita. Un buen ejemplo es el uso magistral que hizo Martin Luther King de aquella sola frase: «Tengo un sueño».

Y luego está el clásico consejo que se da a cualquiera que vaya a hacer una presentación: cuéntale al público lo que le vas a contar. Luego cuéntaselo. Luego cuéntale lo que le has contado.

Dominar el arte de la repetición no es fácil, y deberás tener cuidado para no dar una imagen de rigidez. Pero aunque la repetición de una frase clave puede tener mucha fuerza, también puedes reformular los puntos principales que quieras comunicar utilizando expresiones como las siguientes:

- En otras palabras (o: Esencialmente)...
- Lo que intento decir es que...
- Esto es lo importante (o: Esto es lo principal)...

Esta técnica te da la posibilidad de repetir conceptos sustanciales al tiempo que introduces variaciones en el discurso y te permite controlar hasta cierto punto lo que el público recordará posiblemente con más claridad.

4. Utiliza el elemento sorpresa

Una frase chocante o poco ortodoxa puede captar de verdad la atención del público. Por ejemplo, mi amiga la escritora Lyz Lenz escribió una vez un artículo titulado: «Querida hija, quiero que fracases».[4]

En él, contaba que ella había aprendido a lidiar con el fracaso siendo una niña, a aprender de los errores y a resurgir fortalecida, y lo oponía a una corriente actual en la que los «padres quitanieves» intentan continuamente proteger a sus hijos del fracaso, allanarles el camino y hacerles la vida más fácil. «Una vida en la que no hay fracasos no es una vida de éxito, sino de mediocridad —dice Lenz—. Yo no quiero enseñarle a mi hija a que abandone ante las dificultades o a que piense que le facilitaré las cosas. Quiero enseñarle a dar marcha atrás, reconsiderar y volver a intentarlo una y otra vez».

Un razonamiento magnífico, muy interesante, pero sin ese gancho tan potente —«Querida hija, quiero que fracases»—, la mayor parte del público no habría leído el artículo. Tú puedes hacer lo mismo. Si usas una frase sorprendente que atraiga emocionalmente a tus oyentes, habrás conseguido que te presten atención. Transmite un mensaje que refuerce vuestros valores comunes.

En el ámbito doméstico

Supongamos que estás hablando tranquilamente de un tema importante con tu pareja. Al cabo de un rato, surge entre vosotros una fuerte discrepancia, y ves a tu pareja de repente muy alterada. Podrías seguir defendiendo tu punto de vista y arriesgarte a que ella pierda el control; o podrías dejar que se exprese, escucharla atentamente y luego intentar encontrar una forma de dejar atrás el tema. Al ayudarla a calmarse, influyes positivamente en su estado emocional. Pero ¿después qué? Si el asunto tiene verdadera importancia, tendréis que volver a él en un futuro.

¿Qué puedes hacer para que la próxima vez consigáis resolverlo?

Piensa con cuidado cuáles serían el lugar y el momento oportunos para hablar. Por ejemplo, escoge un momento en que los dos estéis relajados y de buen humor. También puedes pensar en cómo plantear la cuestión esta vez. Recuerda que empezar con una disculpa (si es el caso), con un gesto de agradecimiento o apelando a algún punto en el que coincidáis plenamente creará una atmósfera más propicia y aumentará las probabilidades de que haya entre vosotros entendimiento y cooperación.

Un caso real de influencia: compasión en el escenario

Para Celine Dion, una de las cantantes más reconocidas y exitosas del mundo, era un día más de trabajo. Estaba actuando ante miles de personas, como había hecho innumerables veces; en esta ocasión, en el Caesars Palace de Las Vegas. De repente, en mitad de la actuación, una admiradora que parecía estar ebria subió apresuradamente al escenario, consiguió colocarse al lado de la cantante y opuso resistencia cuando los guardas de seguridad intentaron llevársela.[5]

La situación hubiera podido volverse muy desagradable, de no haber sido por la admirable serenidad con que Celine Dion reaccionó en aquel momento.

En lugar de dejar el asunto en manos de los guardaespaldas, o sencillamente abandonar el escenario, se dirigió con respeto a la admiradora y habló con ella; incluso le expresó su comprensión y agradecimiento: «Déjame decirte algo —le dijo agarrándole la mano—. Me alegro de que hayas subido aquí esta noche. Me alegro... de que hayas querido estar más cerca de mí».

En ese instante, la admiradora abrazó a la cantante y la rodeó con una pierna. De inmediato, los guardas se aproximaron, pero Celine Dion les pidió que de momento no intervinieran y se quedaran cerca, por si los necesitaba. A continuación, siguió hablando con la mujer en tono sosegado y tranquilizador.

La admiradora dijo entonces algo que el público no pudo oír, pero Dion sí lo oyó, y lo usó para establecer un punto de coincidencia entre ellas. «¿Sabes? —le dijo—. Tenemos algo en común tú y yo. Tenemos hijos a los que queremos. Y vamos a luchar por ellos. ¡Y además las dos llevamos [joyas de] oro! Esto es una señal».

De principio a fin, demostró una empatía sorprendente. Invitar a la mujer a cantar y a bailar hizo que su inicial actitud rebelde y combativa se tornara cooperativa y alegre. En menos de dos minutos, Celine Dion la convenció para que bajara del escenario acompañada de sus «amigos» (los guardas), con lo que consiguió resolver de la mejor manera que quepa imaginar una situación muy comprometida.

Después, Celine Dion se dejó caer sobre el suelo del escenario, aliviada, en medio de los calurosos aplausos de la multitud.

Eso es influencia emocional en su máxima expresión.

Cómo llegar a los demás

Ya sea en una entrevista de trabajo o a la hora de pedir un descuento, o de proponerle a alguien una cita, en un momento u otro todos intentamos influir en la persona que tenemos delante.

Pero recuerda que la influencia es una acción progresiva.

Cuando hablé con Chris Voss, el negociador del FBI con el que comenzaba este capítulo, comparó el proceso de la influencia con una escalera. Explicaba:

> El primer impulso es ir directamente a por lo que queremos. Pero en este caso, la distancia más corta entre dos puntos *no* es la línea recta. Se trata de ir subiendo escalones, y cada escalón sirve de base al siguiente. Se trata de ir creando un entendimiento, y para eso hace falta empatía. Y un escalón va llevando a otro, y finalmente uno se encuentra en una posición desde la que puede influir en aquel a quien quiere convencer.

Para poder convencer a alguien de que cambie de idea, primero tenemos que saber cómo piensa; descubrir qué cuestiones lo inquietan, para poder ayudarlo a solucionarlas; atender a cómo se expresa, qué lo mueve y qué lo motiva.

Todo esto tiene particular importancia porque, además, nos ayudará a llegar a su parte emocional, lo cual a su vez lo incitará a actuar.

Pero también debemos tener en cuenta que los individuos y las situaciones cambian continuamente. La relación que tenemos con las personas más importantes de nuestra vida se ha ido construyendo a lo largo de años de interacción.

¿Quieres saber cómo puede ayudarte la inteligencia emocional a establecer relaciones fuertes, de confianza?

De entrada, tienen que estar construidas sobre una base sólida, y ese es el tema de nuestro siguiente capítulo.

7

Tender puentes

Cómo cultivar relaciones más fuertes, armoniosas y leales

● ● ● ● ● ● ● ● ● ● ● ●

Ningún hombre es una isla.
John Donne

En el curso de la última década, he conocido o entrevistado a innumerables ejecutivos, directores y empresarios. A muchos, alcanzar el éxito en su profesión y montar sus negocios les costó sangre, sudor y lágrimas; pero en lo que a la ética del trabajo se refiere, ninguno de ellos puede compararse a mi suegra, Margret.

Margret (para mí, «Mamá») nació en Polonia en 1958, en tiempos muy difíciles. Como desde pequeña supo lo que era salir adelante en circunstancias adversas, nunca se confió ni dio nada por seguro, y enseñó a sus dos hijas a hacer lo mismo: a disfrutar de los buenos momentos, prepararse para los arduos y cultivar relaciones fuertes.

Esto último a Mamá le resultaba sencillamente natural. Lo mismo aquellos a los que acababa de conocer que los que la conocían desde hacía años sentían el afecto que Mamá les prodigaba, y esto los atraía hacia ella. Por ejemplo, cuando decidió dejar de trabajar de limpiadora para una importante empresa automovilística, donde se ocupaba del despacho de un ejecutivo, la secretaria le rogó que se quedara. Confiaba inmensamente en ella y se había acostumbrado a sus charlas siempre animadas. Mamá decidió irse de todos modos, pero había dejado una impresión duradera en la empresa. Aquella secretaria nunca perdió el contacto con ella, y de cuando en cuando iba a casa de Mamá a tomarse un café con ella y charlar un rato.

O qué te parece lo que le ocurrió con Laurie y Verdis, la pareja de la que se hizo amiga durante unas vacaciones familiares en Hawái. Conoció a Laurie porque era amiga de una amiga suya, pero rápidamente ellas dos se hicieron amigas íntimas. Eran inseparables, y, cuando terminaron las vacaciones, se despidieron llorando. Mamá y Laurie mantuvieron el contacto durante años, sobre todo por carta o correo electrónico. No parece que esto tenga nada de extraordinario, salvo por un pequeño detalle...

Mamá no hablaba inglés. Ella y Laurie se comunicaban con la ayuda de traductores (normalmente mi esposa). A pesar de todo, se las arreglaron para crear un vínculo indestructible.

Hasta en sus últimas horas de vida, Mamá seguía haciendo amigos. No dejaba de dar las gracias a los médicos y a las enfermeras que la atendían, y se empeñaba en presentárnoslos a todos cuando íbamos de visita. Le admiraba la capacidad que tenían para mantener el buen humor y seguir siendo amables y compasivos a pesar de la clase de trabajo que desempeñaban, que los obligaba a presenciar el dolor y el sufrimiento a diario. Merecían reconocimiento y agradecimiento, y Mamá contribuía a dárselo.

Podría seguir hablando de su capacidad para conectar con todo el mundo, de los años que pasó cuidando de su madre y de su suegra ya ancianas, de las horas sin fin que dedicaba a ayudar a los demás. Pero de todas las lecciones que me enseñó a lo largo de los años, esta fue la más importante: no es fácil cultivar relaciones de confianza, pero el esfuerzo vale realmente la pena.

El valor de una buena relación

Nuestra vida depende de las relaciones que mantenemos con los demás. Desde que nacemos, dependemos de otras personas para seguir vivos; necesitamos que nos alimenten, que nos atiendan. Y por muy independientes y autosuficientes que nos hagamos después, siempre nos será más fácil alcanzar nuestros objetivos con ayuda de la gente.

Pero alcanzar nuestros objetivos es solo el comienzo. Los estudios indican que cuando tenemos una buena relación con los demás, somos más felices y tenemos además mejor salud.*

---

* El psiquiatra Robert Waldinger dirige actualmente el Estudio del Desarrollo Humano en la Universidad de Harvard, uno de los estudios más completos sobre el bienestar humano que jamás se hayan llevado a cabo. Cuando le pedimos que nos contara qué conclusiones podían sacarse de él, ahora que han transcurrido setenta y cinco años desde que se inició, nos dijo que este era el mensaje que había quedado absolutamente claro: «Tener buenas relaciones nos hace vivir más felices y más sanos. Punto». (Sitio web consultado el 13 de enero de 2018, www.adultdevelopmentstudy.org; Robert J. Waldinger, «What Makes

A la vista de esto, ¿qué podemos hacer para cultivar buenas relaciones?

Hace unos años, Google inició una investigación entre sus empleados para descubrir qué hace que un equipo de trabajo destaque por su excelencia. A la iniciativa se le dio el nombre de Proyecto Aristóteles, como tributo a la famosa cita del filósofo griego: «El todo es más que la suma de las partes».

El equipo de investigación analizó a decenas de equipos de trabajo y entrevistó a cientos de ejecutivos, directores de equipo y miembros de los distintos grupos. Se descubrieron varios elementos que contribuían a la eficacia de un equipo, pero había uno que sobresalía por encima de todos los demás, y era el sentimiento de «confianza interna».[1] Los investigadores escribían:

En un equipo en el que hay un sólido sentimiento de confianza, los miembros comprenden que, dentro de ese entorno seguro, pueden asumir riesgos. Tienen la tranquilidad de saber que nadie del equipo avergonzará ni castigará a ninguno de los miembros por admitir que se ha equivocado, por hacer una pregunta o proponer una idea novedosa.

En pocas palabras, los buenos equipos prosperan gracias a la confianza mutua.

---

a Good Life? Lessons from the Longest Study on Happiness», Charlas TED, 1 de diciembre de 2015, www.ted.com/talks/Robert_waldinger_what_makes_a_ good_life_lessons_from_the_longest_study_on happiness).

A veces, depositamos nuestra confianza en completos desconocidos sin pensarlo siquiera: el individuo encargado de pilotar el avión que nos llevará de vuelta a casa o el que cocina lo que comemos en un restaurante. Pero es una clase de confianza circunstancial; fluctúa dependiendo de la situación. Para cultivar la confianza en relaciones más serias, debemos procurarle al otro unos beneficios claros durante mucho más tiempo.

Podríamos imaginar que cada una de las relaciones que mantenemos es un puente que construimos entre la otra parte y nosotros. Un puente, para ser sólido, debe tener unos cimientos firmes; y en el caso de las relaciones, esos cimientos son la confianza. Sin confianza, no puede haber amor, no puede haber amistad, no puede haber una conexión duradera entre dos personas. Por el contrario, allí donde hay confianza, hay una motivación para actuar. Si confías en que alguien mira siempre por tu bien y protege tus intereses, harás prácticamente cualquier cosa que te pida o te sugiera.

En este capítulo, daré algunas indicaciones prácticas que te ayudarán a ganarte de verdad la confianza de los demás. Mientras lees, reflexiona sobre las distintas personas que hay en tu vida. ¿Cómo se manifiestan estos comportamientos en aquellos en quienes confías? ¿En qué aspectos crees que podrías mejorar tú?

Contestar a estas preguntas te ayudará a cultivar, y también a mantener, relaciones más profundas, más sólidas y más valiosas.

Comunicación

Para establecer una relación de confianza, debemos mantener con regularidad una buena comunicación.

Una comunicación regular nos permite estar al día de la realidad del otro. Nos damos cuenta rápidamente de si está animado o está pasando por un mal momento, y, en este último caso, de hasta qué punto le afecta la situación. Además, con nuestro interés le transmitimos el mensaje de que lo que es importante para él es importante para nosotros.

Por ejemplo, la empresa estadounidense de investigación socioeconómica y demográfica Gallup, tras una serie de estudios, ha llegado recientemente a la conclusión de que los gerentes de empresa más eficientes y respetados mantienen con sus empleados una comunicación que combina la interacción cara a cara con la telefónica y electrónica, y contestan a sus llamadas o mensajes de correo electrónico en un plazo máximo de veinticuatro horas.[2] Además, ha descubierto que la mayoría de los empleados valoran que sus jefes les pregunten por «lo que ocurre en sus vidas fuera del trabajo». Todo ello contribuye a que el gerente o jefe de equipo transmita la sensación de que se interesa por el empleado no solo como trabajador sino también como ser humano.

Dado que cada individuo tiene su particular forma de pensar y de comunicarse, es importante asimismo que te expreses con claridad. Recuerda que nadie te puede leer la mente. Unas personas necesitan conocer más detalles que otras, así que haz lo posible por expresarte de un modo que cualquiera de ellas sea capaz de entender.

¿Y en casa? Muchas veces nos cuesta sacar tiempo para comunicarnos. Los padres trabajan más horas que nunca; los hijos se pasan la mayor parte del día en el colegio o con sus amigos, y cuando están en casa, es probable que no se despeguen del teléfono móvil o del ordenador. ¿Cómo podemos comunicarnos con regularidad con las personas que más nos importan?

➤ **PRUEBA ESTO:** Haz cuanto esté en tu mano por que podáis sentaros a comer juntos al menos una vez al día. Y en lugar de competir con los dispositivos electrónicos, sácales provecho: usa el correo electrónico o las redes sociales para estar en contacto con los miembros de la familia; háblales de cómo ha sido tu día y luego pregúntales por el suyo. Esto, por supuesto, no como sustituto de la comunicación cara a cara, sino como suplemento. Enviarles un breve mensaje a tu pareja o a tus hijos, para decirles «gracias», «me acuerdo de ti» o «te quiero», puede contribuir a crear un clima de confianza y seguridad emocional entre vosotros, y aumentar el deseo de pasar más tiempo juntos.

Autenticidad

La autenticidad propicia la confianza. Nos sentimos atraídos hacia aquellos que nos parecen auténticos, que tenemos la impresión de que son sinceros. Pero ¿qué significa realmente ser auténtico?

El individuo auténtico cuenta lo que de verdad piensa y siente. Sabe que no todo el mundo estará de acuerdo con él y comprende que eso no supone ningún problema. Sabe también que no es perfecto, pero está dispuesto a mostrar sus imperfecciones porque es consciente de que los demás también las tienen, cada cual las suyas. Y al aceptar a los demás por quienes son, el individuo auténtico demuestra ser de fiar.

Claro está que ser auténtico es más difícil de lo que parece. De hecho, algunos aspectos de la inteligencia emocional pueden ser un arma de doble filo.

Por ejemplo, si tienes una sensibilidad social muy desarrollada, probablemente seas capaz de intuir el efecto que tendrán en los demás tus palabras o tus actos. El lado bueno de esto es que puede ayudarte a actuar con más tacto y respeto, y el lado no tan bueno es que podrías no inspirar demasiada confianza en los demás si, por un exceso de tacto, ocultas continuamente lo que de verdad piensas o dices cosas que en realidad no crees.

La ejecutiva de Apple Angela Ahrendts hablaba sobre esto en una entrevista. Cuando la periodista Rebecca Jarvis le preguntó cuál era el peor consejo profesional que le habían dado en su vida, Ahrendts recordó la época en que trabajaba en una gran empresa y la directora de recursos humanos le dijo que le convenía cambiar un poco —ser menos emotiva y dejar de mover tanto las manos cuando se expresaba— si quería que la tuvieran en cuenta para un cargo ejecutivo.[3]

Así que, por recomendación de la empresa, Ahrendts viajó a Minneapolis, donde estaba citada con un *coach* para una sesión que se grabaría y se analizaría después. Explica:

> Tenía pensado quedarme un par de días, y me marché al cabo de un par de horas. Al final de la mañana, miré a los evaluadores y les dije: «Me tengo que ir. No quiero ser alguien que no soy. Me gusto, y hasta ahora me ha ido bastante bien en la vida siendo yo, y eso que me crie en una familia muy numerosa. A mi madre le gustaba cómo era, a mis amigos les gustaba cómo era, ¿entienden?... Me dan igual los títulos y los puestos. Es conmigo con quien me despierto cada mañana, y quiero darme lo mejor de mí. No quiero ser esa persona en la que intentan ustedes convertirme, así que lo siento, me voy». Y me fui, y al cabo de un mes, recibí una llamada y me ofrecieron el puesto de directora ejecutiva en Burberry.
>
> De modo que eso es lo que pienso, que hay que ser fiel a una misma.

Ser auténtico no significa contárselo todo a todo el mundo continuamente. Significa decir lo que quieres decir, ser sincero y fiel a tus valores y principios por encima de todo.

No a todo el mundo le caerás bien, pero sí a aquellos a los que de verdad te importa caerles bien.

Prestar ayuda

Una de las maneras más rápidas de ganarnos la confianza de alguien es brindándole nuestra ayuda.

Piensa en tu jefe o profesor favorito. La universidad en la que se graduó, los títulos que tiene o incluso lo que haya conseguido profesionalmente en el pasado son detalles irrelevantes para vuestra relación. Otra cosa muy diferente es el tiempo que, a pesar de sus múltiples ocupaciones, ha dedicado con gusto a escucharte y a ayudarte; el hecho de que haya estado dispuesto a remangarse y trabajar contigo codo a codo, ¿no es cierto?

Este tipo de acciones inspira confianza.

Lo mismo ocurre en la vida familiar. Con frecuencia, son los pequeños detalles los que cuentan: ofrecerte a prepararle un té o un café a tu pareja, cooperar en las tareas domésticas, ayudar a sacar la compra del coche y llevarla a la cocina...

De hecho, fue ese espíritu de colaboración lo que me ayudó a conquistar a mi esposa. Éramos amigos desde hacía un año cuando le pregunté si quería salir conmigo, pero me rechazó. Fue un golpe muy duro. Dijo que podíamos seguir siendo amigos. Yo no sabía si iba a ser capaz de contentarme con eso, pero era alguien muy especial para mí y no estaba dispuesto a que desapareciera de mi vida por completo, así que acepté.

Aunque no me resultó fácil, seguimos siendo amigos. Un año más tarde, yo notaba que sus sentimientos hacia mí habían empezado a cambiar, así que se lo pedí de nuevo.

En 2018 celebramos nuestro décimo aniversario de boda.

Cuando ya estábamos juntos, le pregunté qué le había hecho cambiar de idea. «Seguiste siendo igual de amable y encantador —me dijo—. Otros chicos, si les decías que no querías salir con ellos, se volvían ofensivos, o te culpaban de ser así, o se convertían de repente en otra persona. Pero tú no. Me ayudaste en algunos momentos muy difíciles, incluso después de haberte rechazado. Éramos amigos desde hacía tanto tiempo que un día pensé: "Sé que sería un buen marido para alguien. ¿Y por qué no para mí?"».

Recuerda: ya sea una relación de amistad, de pareja o de trabajo la que te importa en este momento, demuestra la resistencia del corredor de fondo para ganarte la confianza de la persona que te interesa. Ayúdala en todo lo que puedas y siempre que puedas.

Humildad

Para desarrollar una actitud colaborativa debemos cultivar la humildad. Ser humilde no significa que te falte seguridad en ti mismo y nunca defiendas tus principios y opiniones, sino que reconoces que no lo sabes todo y estás deseando aprender de los demás.

Por ejemplo, si eres más joven o tienes menos experiencia que tus colegas o tus clientes, reconócelo y tenlo presente. Si demuestras que estás deseando aprender, los demás captarán esa humildad y, del modo más natural, te habrás ganado su respeto.

Si, por el contrario, eres mayor que tus colegas o tienes más experiencia que ellos, muéstrate respetuoso y no deseches rápidamente cualquier idea o técnica nuevas que propongan. Dignifica a quienes trabajan contigo: pídeles su opinión o interésate por su punto de vista y escúchalos de verdad cuando hablan. Cuando cada una de las partes se da cuenta de que la otra tiene algo valioso que ofrecer, se crea un ambiente de confianza y tranquilidad que favorece las buenas relaciones y la buena marcha de la empresa.

Ser humilde significa también estar dispuesto a pedir disculpas.

Pedir disculpas no significa necesariamente que estés equivocado y el otro tenga razón. Significa que valoras tu amistad con él más que a tu ego.

Lo siento son a veces las dos palabras más difíciles de decir, pero también las que más fuerza tienen. Estar dispuestos a admitir nuestros errores dice mucho de la idea que tenemos de nosotros en relación con los demás. Lo natural es que, como consecuencia, se cree una proximidad afectiva y se fortalezcan la confianza y la lealtad.

Sinceridad

Está bastante claro que la confianza y la sinceridad van unidas. Sin embargo, para que una comunicación sea sincera, no basta con decir lo que de verdad pensamos; se trata de evitar también las medias verdades y de asegurarnos de presentar la información de un modo que no dé lugar a malentendidos. Los tecnicismos, las lagunas y las cláusulas de escape quizá te ayuden a ganar un juicio, pero no te ayudarán a ganarte la confianza de nadie.

Con engaños, se consigue como mucho un triunfo temporal, pero tarde o temprano la verdad siempre sale a relucir. En cambio, el individuo que es verdaderamente honrado destaca; es un empleado al que se valora, y en casa contribuye a crear una atmósfera de seguridad y tranquilidad. Es un amigo cuyas opiniones significan de verdad algo.

Credibilidad

Es común en nuestros días romper un acuerdo o un compromiso cuando a uno le viene en gana. Ya se trate de un plan de fin de semana con un amigo, un acuerdo comercial sellado con un apretón de manos o la promesa hecha a una persona querida, muchos no tienen reparos en retractarse de lo acordado si ponerlo en práctica les supone el menor inconveniente.

Hay razones muy diversas por las que nos retractamos de lo convenido, pero en el fondo, muy a menudo, la verdadera razón es sencillamente que tendemos a vivir en el momento. Si la ventaja inmediata de decir que sí a algo es mayor que la incomodidad de decir no, con frecuencia nos comprometemos a hacer cosas sin tener en cuenta seriamente si estamos en disposición de hacerlas o cómo las haremos.

¿Cuál es, por tanto, la clave para cumplir tu palabra?

Ser consciente de ti mismo y fortalecer el autocontrol te puede ayudar a no asumir compromisos que no tienes la menor intención de cumplir. Por ejemplo, en un arranque de entusiasmo y optimismo quizá prometes ocuparte de varios proyectos, y luego, una vez de vuelta en la realidad, tiendes a no terminar ninguno de ellos dentro del plazo previsto. Tomar conciencia de este hecho, y hacerte el propósito de pararte y pensarlo bien antes de comprometerte a trabajar más de la cuenta, contribuye a que asumas menos responsabilidades y a que cumplas los plazos.

Los estudios han revelado también que aquellos que acostumbran a hacer promesas a la ligera tienen mayor probabilidad de cumplir lo prometido cuando está relacionado con el sentido de la responsabilidad ética. Es decir, cumplen lo prometido porque «es lo que deben hacer», aunque hacerlo sea para ellos un fastidio o les suponga algún tipo de menoscabo.[4]

Por supuesto, hay distintos grados de compromiso. Cancelar una tarde de Netflix con tu amigo tendrá probablemente consecuencias menos serias que incumplir la promesa que le has hecho a tu hija o no entregar a tiempo un proyecto del que dependen tus compañeros de trabajo. Otras veces, habrá de verdad circunstancias atenuantes, y se entenderá que te haya sido imposible cumplir lo prometido.

Pero si tomas por costumbre cumplir tu palabra, en asuntos importantes y poco importantes, te crearás una sólida reputación de persona seria y digna de confianza.

Demuestra un poco de afecto

Dirigí hace años un trabajo de equipo, y Jessica, la más experimentada de todos, lo estaba pasando mal. El problema no era el trabajo en sí —estaba trabajando de maravilla—, sino que se sentía frustrada. El cliente que nos había encargado el proyecto no era lo que se dice fácil, y Jessica me dijo: «Ya no soy una jovencita, ¿entiendes? No voy a aguantar mucho más».

Procuré tranquilizarla. Le dije que valoraba mucho su trabajo y que iba a relevarla de ese tipo de proyectos durante un tiempo. Los últimos días trabajamos sin Jessica, que había pasado a ocuparse de un proyecto distinto. Una vez que terminamos, el cliente me escribió felicitándonos, y yo sabía quién era la primera persona a la que se lo quería contar.

Después de preguntarle cómo había ido el resto de la semana, le di la buena noticia. Le dije que la respuesta que habíamos recibido estaba entre las mejores que habíamos recibido de *ningún* cliente, y viniendo de ese cliente en concreto, significaba mucho más todavía. Le di las gracias por su participación y agregué que nada habría salido tan bien de no haber sido por ella.

«Oí» su sonrisa al otro lado de la línea telefónica. Me dio las gracias (dos veces) por haberla llamado. Antes de colgar añadió: «No sabes cuánto significa para mí esta llamada. Estaré encantada de participar en cualquier proyecto de este tipo en el futuro».

¡Vaya cambio!

Este episodio ilustra el valor que tiene un elogio sincero y auténtico. No fue un halago insustancial destinado a comprobar si en el futuro podría sacarle algo más a Jessica. Fue dedicar un momento a expresar reconocimiento a quien lo merece, un gesto que, por desgracia, se descuida demasiado a menudo. De hecho, es una de las quejas que con más frecuencia se oyen en una relación disfuncional: «Sencillamente no me siento valorado».

Todos tenemos una gran necesidad de que nos elogien y nos feliciten. El problema es que a muchos les resulta muy difícil estimular a los demás con unas palabras de ánimo porque ellos nunca las recibieron. Sin embargo, incluso aunque el ambiente en el que creciste fuera extremadamente crítico, es posible cambiar de mentalidad prestando atención a lo siguiente:

1. Sé sincero

A la larga, los halagos o cumplidos superficiales se volverán en tu contra. Tampoco deberías entender que elogiar el trabajo de alguien es una tarea rutinaria más. El cumplido sincero nace, por el contrario, de intentar ver continuamente lo bueno que hay en aquellos con quienes nos relacionamos.

«¿Y si no encuentro nada por lo que elogiar a alguien?», podrías preguntarte. Quizá estés pensando en este momento que no podrás ser auténtico si tienes que alabar a todo el mundo.

Gran error.

Todo el mundo merece que se le felicite por algo. Y si aprendes a identificar, reconocer y elogiar sus talentos, sacarás lo mejor de cada individuo.

Este ejercicio mental te hará acostumbrarte a ver lo bueno de los demás y te inspirará a hacer elogios espontáneos. Al fin y al cabo, si vieras a un empleado actuar de un modo peligroso, no tardarías mucho en corregirlo, ¿no es cierto? Pues bien, igual de fácil debería resultarte apreciar un buen comportamiento y animar a esa persona a que siga así.

2. Sé concreto

Valorar en términos generales la eficacia de un empleado y felicitarlo cuando lo merece está muy bien, pero cuanto más concreto seas a la hora de elogiarlo, tanto mejor. Asegúrate de expresar lo que de verdad valoras de él y por qué.

En el trabajo, esto adoptaría más o menos la siguiente forma: «Hola, [*inserta su nombre*], ¿tienes un minuto? Me gustaría hablar un momento contigo. Ya sé que no suelo decirlo tanto como debería, pero quiero que sepas que valoro de verdad lo que haces. La forma en que [*inserta una acción concreta cuando se ha ocupado de un proyecto, un cliente, un problema...*] fue magnífica. Me impresionó verte poner en práctica esa/ese [*inserta una cualidad concreta*] que te caracteriza, y soy consciente de lo mucho que beneficia a la empresa. Sigue así».

¿Cómo te harían sentirte *a ti* esas palabras?

Claro está que tienes que creer en cada palabra que pronuncies. Si es así, los demás captarán que eres sincero y te estarán agradecidos.

Una advertencia: como en todo, tiene que haber equilibrio. Si elogias un trabajo mediocre, eso es lo que seguirás obteniendo de ese empleado. Además, si repartes elogios demasiado exuberantes por cualquier cosa, la gente dejará de tomarte en serio.

De todos modos, rara vez es este el problema en el mundo real. Lo cierto es que son muchos más los que sienten que sus esfuerzos no se valoran o pasan inadvertidos. Esa es una de las razones por las que los elogios tienen un efecto tan inmediato: si tomas por costumbre expresar lo que de verdad aprecias en los demás, ellos harán lo mismo contigo.

> **PRUEBA ESTO:** Durante un mes, busca veinte minutos a la semana para reflexionar sobre lo que de verdad valoras de alguien que sea importante para ti. Podría ser tu pareja (u otro miembro de la familia), una amiga, un socio o un colega, ¡o incluso alguien de la competencia!

Después, dedica unos momentos a escribirle una nota, hacerle una llamada o ir a verlo en persona. Dile concretamente por qué valoras tanto su ayuda o lo que te gusta de ella o de él. No entres en otros asuntos o problemas; simplemente demuéstrale un poco de afecto.

Mejor que la *pizza*

Dan Ariely, profesor de Psicología y Economía del Comportamiento en la Universidad de Duke, en Carolina del Norte, puso de relieve el valor del elogio en un experimento muy interesante. En su libro *Payoff: The Hidden Logic That Shapes Our Motivations* [Recompensa: la lógica oculta que moldea nuestras motivaciones], explica un ejercicio que realizaron durante una semana los empleados de una fábrica de circuitos integrados. Primero se les dividió en tres grupos, y a cada grupo se le prometió uno de los siguientes premios si era capaz de montar un determinado número de chips al día:[5]

- Una bonificación de unos treinta dólares en efectivo.
- Un vale para una *pizza*.
- Un mensaje del jefe dándoles la enhorabuena.

Un cuarto grupo, que servía de grupo de control, no recibiría ningún premio.

Curiosamente, el principal factor de motivación para los empleados el primer día fue la *pizza*: consiguió que la productividad aumentara un 6,7 % sobre el grupo de control. Fue una auténtica sorpresa, teniendo en cuenta que el dinero en efectivo motivó tan solo un aumento del 4,9 %, y en realidad acabó suponiendo un *descenso* de la productividad de un 6,5 % en el cómputo global de la semana.

Pero más interesante todavía fue descubrir cuál había sido durante la semana el factor de motivación estrella: el mensaje de enhorabuena.

Y si la promesa de recibir un simple mensaje de texto del jefe puede aumentar la productividad, ¿te imaginas lo que un elogio sentido, auténtico, sincero podría conseguir?

Cómo transformar lo negativo en constructivo

Aunque los elogios y las palabras de estímulo nos motivan y nos inspiran, necesitamos recibir también comentarios menos halagadores para madurar y evolucionar. Por eso en el capítulo cuatro te animaba a entender cualquier comentario poco agradable como un verdadero regalo.

Ahora bien, cuando te toque a ti hacer una crítica, debes tener en cuenta que, en la mayoría de los casos, el receptor no la entenderá de esa manera. Lo habitual es que se tome tu comentario negativo como un ataque personal, y reaccione en consonancia. ¿Qué sucede entonces? Que el temor a verte envuelto en una confrontación tal vez te disuada de decirle a alguien aquello que tanto necesita oír. Erika Andersen, autora de *Growing Great Employees* [Cómo tener empleados extraordinarios], en un artículo que escribió para *Forbes*, explica:

> Nos preocupa cómo pueda reaccionar nuestro interlocutor. ¿Y si se enfada? ¿Y si se echa a llorar? ¿Y si me dice que soy idiota? ¿Y si se pone seriamente a la defensiva y empieza a culparme *a mí*? Otra razón de que nos cueste tanto hacer una crítica es que no sabemos bien qué decir. «No puedo decirle a alguien que su actitud me parece inapropiada —nos decimos—. Me contestará que su actitud es la correcta, y que sencillamente no lo entiendo/aprecio/respeto, y todo irá de mal en peor».[6]

Para vencer el miedo a una confrontación, muchos recurren al «método sándwich» a la hora de hacer un comentario. Se empieza expresando una opinión positiva, a continuación se hace la crítica y se concluye en tono positivo. Sin embargo, esta estrategia plantea algunos problemas: habrá quien se dé cuenta de la intención encubierta de tus elogios y no les preste atención. Sabrá que ese no es el verdadero propósito del mensaje, lo que significa que se habrán desperdiciado tus comentarios positivos, incluso aunque fueran sinceros. En otros casos, ocurrirá justo lo contrario: tu interlocutor oirá solamente lo bueno, y de los comentarios sobre aquellos aspectos en que le convendría mejorar no se enterará siquiera.

Pero si descartas el método sándwich, ¿cómo deberías hacerle a alguien un comentario crítico? El siguiente método a mí me ha resultado eficaz:

1. Dale a tu interlocutor la oportunidad de expresarse

Al cederle a tu interlocutor cierto grado de control, haces que se sienta a gusto. Además, te enterarás en detalle de cómo ve él la situación, lo cual puede ayudarte a avanzar.

2. Haz un esfuerzo por comprender cómo se siente y empatiza con él

Si tu interlocutor admite que tiene un problema serio, puedes contarle lo mal que lo pasaste tú en circunstancias similares y cómo hubo personas que te ayudaron a salir del bache.

3. Haz preguntas relevantes

Hacer la pregunta oportuna te permitirá saber lo que tu interlocutor tiene en mente y te indicará cualquier posible brecha de información o de perspectiva. Y si hay de verdad algo inapropiado en su comportamiento, puedes pedirle permiso para expresar lo que tú u otros hayáis notado.

4. Dale las gracias por escucharte

En lugar de elogiar a tu interlocutor por algo que no viene al caso, sencillamente dale las gracias por que haya estado receptivo a tus comentarios.

Si lo ayudas a que entienda tus comentarios como una aportación beneficiosa y no como un ataque perjudicial, habrás transformado la crítica potencialmente destructiva en una crítica constructiva.

¿Un ejemplo práctico? Imagina la siguiente situación.

Tienes un puesto de responsabilidad en la empresa, y Jenny, que es miembro de tu equipo, acaba de cometer varios fallos importantes en una presentación reciente. Has acordado reunirte con ella para comentarlo.

Tú: Hola, Jenny. Quiero darte las gracias por la presentación de ayer. Me gustaría saber si salió todo como lo habías planeado. ¿Con qué sensación te fuiste?

Jenny: Te seré sincera; me cuesta mucho hacer presentaciones. Lo llevo todo preparado hasta el último detalle; conozco el proyecto como la palma de mi mano. Pero me pongo tan nerviosa cuando tengo que hablar delante del grupo que pierdo la seguridad en mí misma, empiezo a tartamudear..., empiezo a dudar de todo.

Tú: Entiendo. Me duele saber que lo pasaste tan mal. Por si te sirve de algo, te diré que yo todavía me pongo nervioso cada vez que tengo que hacer una presentación.

Jenny: ¿En serio? Pareces tan seguro, tan desenvuelto...

Tú: Gracias. He tenido ocasión de practicar mucho todos estos años. Hablabas de la cantidad de tiempo que dedicas a preparar las presentaciones. Estupendo; en realidad, ahí está el secreto. ¿Te puedo preguntar cómo has preparado la presentación esta vez?

Jenny: De entrada, hice yo misma todas las diapositivas, porque tenía una idea muy clara de cómo quería que se transmitiera el mensaje. Lo tenía todo ya terminado desde hace semanas; quedaba solo por ultimar algún detalle. Debí de repasar en la cabeza cada diapositiva cientos de veces.

Tú: Entiendo. ¿Alguna vez ensayaste la presentación en voz alta, antes de hacerla delante de nosotros?

Jenny: No, eso no lo hice.

Tú: Yo tampoco solía hacerlo, hasta que alguien me recomendó que lo hiciera, y he descubierto lo importante que es. He visto que en la cabeza la presentación me suena de una manera, y que suena de otra muy distinta la primera vez que la hago en voz alta. Además, al oírme hablar, me doy cuenta de que algunas cosas que tienen sentido para mí pueden no tenerlo para alguien que no esté familiarizado con el tema. Y si consigues que alguien escuche el ensayo, todavía mejor.

Jenny: Claro, ¿cómo no había caído en la cuenta? Muchas gracias.

Tú: De nada. Gracias a ti, por tu franqueza y por haberme escuchado. No todo el mundo está dispuesto a aceptar un comentario, ¿sabes?

Jenny: ¡Gracias!

Esta no es una fórmula establecida que debas aplicar a todas las situaciones, recuérdalo; es de esperar que sea solo el punto de partida.

Acuérdate también de darle a tu interlocutor la ocasión de responder cuando le expreses tu inquietud por lo que ha dicho o ha hecho y estate abierto a la posibilidad de haber pasado algo por alto o incluso de haber contribuido a crear una situación problemática (en la conversación anterior, Jenny hubiera podido responder: «Yo habría querido ensayar, pero con la cantidad de trabajo que me has encargado inesperadamente, ¡no he tenido tiempo!»). No pierdas energía en tratar de ver si tu interlocutor está *equivocado*; concéntrate en cómo se pueden hacer mejor las cosas.

Una vez que has establecido cierta confianza en la relación, puedes ser más directo a la hora de plantear tus comentarios correctivos. Cuando el receptor tiene la sensación de que estás de su parte, es más fácil que entienda que tus comentarios son bienintencionados y redundarán en beneficio suyo. De entrada, podrías preguntarle: «¿Tienes interés en oír una crítica constructiva?». A continuación, sé breve y concreto.

Y, por último, si ves que alguien hace un progreso notable, no te olvides de transmitirle que lo has notado. Eso reforzará aún más su buena disposición.

Aprendí mucho sobre el poder de una buena crítica gracias a mis primeros jefes. Marc era un hombre afable y con un gran sentido del humor, que por naturaleza se fijaba en lo positivo y buscaba algo que elogiar en los demás.

No obstante, cuando metíamos la pata, no se andaba con rodeos. Unas veces, se acercaba y decía: «¿Vamos a dar un paseo?». Otras, era más como volver a la infancia y tener que ir al despacho del director. Pero siempre tuve la sensación de que a Marc le importaba. Quería que el departamento brillara, pero quería que yo brillara también. Muchos años después, cuando hablo con algunos de mis antiguos colegas, veo que todos tenemos la misma sensación.

Aprender a hacer una buena crítica, que incluya aspectos tanto positivos como negativos, cambiará por completo cómo la reciban los demás. La cuestión es que, en lugar de ser el jefe que no tiene ni idea de lo que piensan ni sienten sus empleados, que «no los entiende», o el marido, la esposa, el padre o la madre que nunca están contentos con nada, seas el que se interesa de verdad por aquellos que están a su cargo, el que les da su apoyo y los ayuda a evolucionar y a dar lo mejor de sí.

Cómo fortalecer las relaciones, paso a paso (y agradecimiento a agradecimiento)

Cuando el líder empresarial estadounidense Douglas Conant fue nombrado presidente y director ejecutivo de Campbell's Soup en 2001, se enfrentaba a un reto formidable. El experto en liderazgo empresarial y conocido escritor Roger Dean Duncan en un análisis que publicó la revista estadounidense *Fast Company*, relata:

> Las acciones de la empresa estaban cayendo en picado. De todas las grandes empresas de alimentación del mundo, Campbell's estaba entonces en último lugar, y el cometido de Conant era devolverle a la empresa el esplendor del pasado.[7]

Para muchos, era un objetivo casi imposible. El propio Conant calificó de «irrespirable» el ambiente laboral: los empleados carecían de motivación, la dirección era disfuncional y la confianza, prácticamente inexistente.

Sin embargo, contra todo pronóstico, consiguió lo imposible. En menos de diez años, la empresa había dado un giro espectacular y sus cotizaciones estaban a la cabeza en el índice bursátil S&P 500 (el más representativo de la situación real del mercado). Las ventas y los beneficios aumentaron; el compromiso de los trabajadores pasó de estar entre los más bajos, en el índice Fortune 500, a ser uno de los más altos, a medida que la empresa recibía un premio tras otro.

¿Y cómo lo hizo Conant?

En pocas palabras, la prioridad del director ejecutivo fue restablecer la confianza. Se comunicaba con claridad, daba ejemplo, hacía elogios sinceros y concretos y cumplía sus promesas.

Por ejemplo, poco después de ocupar su cargo, inició una práctica muy singular: se puso un podómetro en el cinturón y las zapatillas deportivas, y empezó a interactuar personalmente con el mayor número de empleados posible. Duncan cuenta:

> Se marcó el objetivo de registrar diez mil pasos diarios. Aquellos breves encuentros tenían múltiples beneficios: lo ayudaban a estar informado de todo lo que ocurría en la empresa, le permitían conectar en persona con trabajadores de todos los niveles de producción, y a ellos les permitió ponerles rostro humano a la estrategia y dirección empresariales.

Conant escribía además hasta veinte notas diarias dirigidas a los empleados en las que los felicitaba por su trabajo. Señala:

> En la mayoría de las culturas, no se agradecen lo suficiente la participación y las aportaciones de los trabajadores. Así que me creé el hábito de escribir notas de agradecimiento a los empleados. Al cabo de diez años, ascendían a más de treinta mil, y eso que solo teníamos veinte mil empleados. Allá adonde iba, encontraba en los cubículos de los empleados notas escritas de mi puño y letra colgadas en sus tablones de anuncios.

Duncan sintetiza así lo que podemos aprender del éxito conseguido por Conant:

> Los mensajes importan. La repetición importa. La claridad importa. E importa el toque personal [...] En una

época en que la era de la información se ha convertido en la era de la interrupción, los grandes líderes, como Doug Conant, aprenden a contemplar las interacciones diarias con mirada nueva. Cada interacción —planeada o espontánea, informal o coreografiada, en una sala de reuniones o en la planta de producción— es una oportunidad para poner en práctica nuevas formas de liderazgo empresarial.

Y, podríamos añadir, una oportunidad para establecer relaciones fuertes basadas en la confianza.

Tender un puente duradero

La confianza es la base sobre la que se construyen los matrimonios más felices, la cualidad intangible que hace congeniar a los miembros de los equipos más brillantes. Es la razón por la que escuchas a tu estilista o a tu interiorista, y es lo que hace que las grandes empresas consigan la inquebrantable lealtad de sus clientes.

Para establecer una relación de confianza que perdure en el tiempo, es necesario conectar con los demás a nivel emocional. Pero esto no es algo que suceda de la noche a la mañana ni que ocurra por casualidad. Depositamos nuestra confianza en aquel que nos demuestra que podemos confiar en él. Me refiero a la confianza que nos inspiran aquellos que demuestran que nos ayudarán y no nos perjudicarán, la fe en el capitán que se niega a abandonar el barco y en la tripulación que le es fiel. Inspirar confianza significa en algunas ocasiones excedernos en nuestras funciones, darlo todo; en otras, simplemente encontrar la manera de resistir.

Pero en todos los casos, exige responder, estar presentes.

Cada promesa que cumples, cada acto que realizas con humildad, cada palabra de elogio sincero y concreto que pronuncias y cada esfuerzo que haces por mostrar empatía contribuyen a que establezcas relaciones auténticas, de confianza, al igual que una obra de arte se crea poco a poco a base de un número incalculable de pequeñas pinceladas.

Ten cuidado, de todas formas. Pues aunque a veces se tarda años en establecer una relación de confianza, basta un instante para destruirla. Una mentira puede anular años de decir la verdad; una sola crítica despiadada puede cambiar una relación para siempre.

Todos cometemos errores; así que, cuando otros se caigan, ayúdalos a levantarse. Si tienes presentes las veces que tú has fallado, te será más fácil alentar a los demás a seguir adelante, en lugar de desalentarlos y despellejarlos. Si eliges fijarte en lo positivo, confiarle con delicadeza a tu interlocutor cuál ha sido tu experiencia, o simplemente recordarle que cualquiera tiene un mal día, no solo le sacarás el máximo partido a una situación difícil, o conseguirás incluso darle la vuelta, sino que además te ganarás la confianza de los demás y les inspirarás a dar ellos también lo mejor de sí.

Por lo general, estarán más que dispuestos a devolverte el favor.

8

El lado oscuro

Del doctor Jekyll a *Mister* Hyde

• • • • • • • • • • • • •

El poder de hacer el bien es también
el poder de hacer el mal.
Milton Friedman

A mediados del siglo XX, vivió un hombre cuya evolución se encuentra entre las más extrañas y terroríficas de la historia humana. Adolf Hitler, un inadaptado social que había pasado de artista a soldado, fue ascendiendo progresivamente en el mundo de la política alemana y ejerciendo al mismo tiempo una tremenda influencia. En su nuevo papel de dictador, llevó a su país a la II Guerra Mundial y orquestó seguidamente uno de los mayores genocidios de la historia.

Pero ¿cómo llegó Hitler al poder en un país democrático?

Tras perder la I Guerra Mundial, Alemania se encontraba en un estado de caos y devastación. Era un país con una economía maltrecha y en el que la tasa de desempleo era muy alta. Los patriotas y los veteranos de guerra sentían que sus políticos los habían traicionado. Y Hitler encontró un chivo expiatorio: los cientos de miles de judíos que se habían integrado en la sociedad alemana pero a los que, en general, se consideraba forasteros. A ellos y a otras poblaciones inmigrantes y marginadas, los culpó de los problemas de Alemania, y empezó a trazar un plan para restaurar la grandeza del país.

Hay que destacar la singular facilidad que tenía Hitler para encarnar emociones negativas como el miedo, la rabia y el resentimiento y ganarse gracias a ellas el favor de las masas. Era un orador fascinante, seguro y carismático, que ensayaba con meticulosidad sus discursos; no solo las palabras, sino también las expresiones del rostro y los gestos de las manos. Sabía inspirar fervor en sus seguidores, que eran cada día más numerosos. Hitler cautivaba a las multitudes con sus discursos, y su reputación e influencia siguieron creciendo y extendiéndose.[1]

Poco a poco, consiguió hacerse con el control absoluto de los poderes legislativo y ejecutivo del Estado, y utilizó su autoridad para acabar con la libertad de prensa, eliminar los partidos rivales y promulgar leyes discriminatorias. En 1934, se convirtió en el jefe absoluto del Estado alemán. Alex Gendler y Anthony Hazard en el cortometraje *¿Cómo llegó Hitler al poder?* explican:

Es bastante inquietante pensar que Hitler no necesitó recurrir a la represión en masa para imponer muchas de las medidas que adoptó en los comienzos. Sus discursos aprovechaban el miedo y la ira de los alemanes para ganarse su apoyo y predisponerlos a favor del partido nazi. Los intelectuales y los grandes hombres de negocios querían estar del lado de la opinión pública mayoritaria, y respaldaron a Hitler, intentando convencerse y convencer a los demás de que la retórica más extrema del dictador era solo una estrategia para impresionar al pueblo, pura ostentación.[2]

La capacidad de Hitler para evocar, intensificar y manipular las emociones de sus seguidores pone de manifiesto una realidad alarmante y de mucha importancia: que la inteligencia emocional tiene también un lado oscuro.

Cuando la inteligencia emocional es una auténtica amenaza

Hasta ahora, he hablado de las ventajas de tener un alto coeficiente emocional, de cómo puede ayudarnos, por ejemplo, a evitar o solucionar conflictos o a establecer relaciones más sólidas. Pero es importante recordar que, como en el caso de la inteligencia «tradicional», tampoco la inteligencia emocional es inherentemente virtuosa. Es un recurso, un instrumento.

En otras palabras, la inteligencia emocional puede usarse para el bien *o* para el mal.

Como ya sabes, la inteligencia emocional es la capacidad de utilizar el conocimiento de las emociones para informar y orientar el comportamiento, generalmente con el fin de lograr un objetivo. Sin embargo, el objetivo que cada uno queremos alcanzar quizá sea muy distinto. He hablado, por ejemplo, de los beneficios que reporta un elogio sincero y específico, pero ¿y si alguien utiliza los elogios para predisponer a los demás a su favor y conseguir más poder o apoyo para una causa que de entrada podría parecer sospechosa? ¿Y si alguien utiliza su capacidad de expresar (o disfrazar) las emociones para manipular a los demás? Alguien que tenga poder o esté en una posición de autoridad podría usar igualmente el miedo y la presión cómo tácticas intimidatorias.

Fíjate por ejemplo en casos como los siguientes:

- Un personaje público o un experto que hagan comentarios deliberadamente escandalosos o provocativos para atraer la atención mediática o conseguir partidarios.
- Un marido o una esposa que ocultan una aventura extramatrimonial y crean falsas esperanzas en su cónyuge y posiblemente en su amante.
- Un jefe o un empleado que distorsionan la verdad o difunden rumores y bulos para tener ventaja psicológica sobre los demás.

En un trabajo de investigación, un equipo de profesores de gestión empresarial equiparaba estos comportamientos a los de Yago, el personaje antagonista de la tragedia *Otelo*, de Shakespeare, al que describían como «un hombre que manipula las emociones de los demás y controla las suyas» para destruir por completo a sus adversarios.[3]

A esto es a lo que llamo el «lado oscuro» de la inteligencia emocional: a utilizar nuestro conocimiento de las emociones para conseguir estratégicamente objetivos que nos beneficien a nosotros, sin que nos importe demasiado, o en absoluto, que eso perjudique a los demás. Lo mismo que alguien que tenga un coeficiente intelectual fuera de serie podría convertirse en un detective magnífico o en un genio del crimen, alguien que tenga un coeficiente emocional destacado cuenta con dos opciones muy distintas.

En este capítulo, vamos a explorar el lado oscuro. Veremos más casos verídicos de individuos que han utilizado con propósitos egoístas su capacidad de influir en las emociones de los demás. Entenderás por qué la línea que separa la influencia ética de la no ética está a veces muy poco clara, y cómo incluso alguien que de entrada actúe por motivos plausibles podría acabar recurriendo a la manipulación, la astucia y la hipocresía absolutas. Por último, describiré algunas tácticas de manipulación que utilizan los demás para intentar que tus emociones se vuelvan contra ti, y cómo protegerte cuando lo hagan.

Psicópatas, narcisistas y manipuladores, ¡qué miedo!

Es posible que el término *psicópata* evoque la imagen de los asesinos en serie o los genocidas, pero el trastorno denominado «psicopatía» —un trastorno muy complejo, y caracterizado tradicionalmente por una larga lista de rasgos, entre otros, conducta antisocial, arrogancia, fingimiento o falta de empatía emocional— es en realidad más común de lo que pensamos.

El profesor y psicólogo criminalista Robert Hare dedicó la mayor parte de su vida a estudiar a los psicópatas para descubrir qué motiva su forma de ser.[*] En una entrevista para el periódico *The Telegraph*, describía la psicopatía como un trastorno «dimensional» y explicaba que muchos psicópatas viven con relativa normalidad entre nosotros:

> Una parte del comportamiento que manifiestan algunos individuos es lo bastante atípico como para que pudiéramos considerarlos psicópatas desde el punto de vista clínico, pero no lo bastante atípico como para que sean individuos peligrosos. A veces se trata de amigos nuestros, personas ingeniosas con las que lo pasamos bien. Quizá se aprovechan de nosotros de tarde en tarde, pero generalmente lo hacen de un modo sutil y son capaces de justificar su conducta.[4]

Hare añade que los rasgos psicopáticos pueden incluso parecer ventajosos en algunas circunstancias. Hay, por ejemplo, individuos que destacan en el trabajo por su carisma y su capacidad para manipular al resto. En algunos casos, podrían valorarse equivocadamente las dotes de líder que tiene un determinado jefe cuando en realidad se trata de un comportamiento psicopático.

---

[*] Hare es el creador de la Escala (Revisada) de Verificación de la Psicopatía, la forma de evaluación más utilizada para identificar los rasgos psicopáticos de un individuo.

Hare y Paul Babiak en el libro *Snakes in Suits: When Psychopaths Go to Work* [Serpientes con traje: cuando los psicópatas van al trabajo], explican:

> Saber dirigir, tomar decisiones y motivar a los demás para que hagan lo que queremos se consideran los clásicos atributos del líder y el organizador, pero también pueden ser formas de coerción, dominación y manipulación disfrazadas. Podríamos pensar que, si alguien tiene un comportamiento abusivo o engañoso con sus compañeros de trabajo, la empresa acabará tomando medidas disciplinarias contra él y despidiéndolo. Sin embargo, a la vista de los casos que hemos analizado, está claro que no suele ser así.[5]

Por supuesto, los psicópatas no son los únicos que abusan de su capacidad de influencia emocional con fines egoístas.

Fíjate en los siguientes ejemplos:

- Un grupo de científicos alemanes descubrió que los individuos que demostraban ciertos rasgos narcisistas (cuyo comportamiento estaba caracterizado por un patrón dominante de grandiosidad, egocentrismo y prepotencia) utilizaban en un primer momento el humor y expresiones faciales de afabilidad para causarles una buena impresión a sus colegas.[6]
- Un estudio realizado en 2011 indica que los individuos «maquiavélicos» (con tendencia a manipular

a los demás en provecho propio) que demostraban tener un buen conocimiento de las emociones y de cómo regularlas solían incurrir más fácilmente en actos perversos, como avergonzar a alguien delante de sus compañeros de trabajo.[7]

- En 2013, un estudio reveló que aquellos que acostumbran a explotar a los demás en beneficio propio tienen también gran habilidad para «leer» las emociones de la gente, en particular las negativas.[8]

Para entender hasta qué punto puede contagiarse masivamente a una cultura este tipo de comportamiento, basta pensar en los problemas que ha tenido la que, hasta hace poco, era una de las empresas más respetadas de Estados Unidos.

Cómo sacar provecho del sabotaje emocional

En septiembre de 2016, se hizo público que los empleados de Wells Fargo, uno de los bancos más importantes y prósperos del mundo, habían defraudado descaradamente a millones de clientes, valiéndose de prácticas financieras ilegales tan diversas como solicitar en secreto más de quinientas sesenta y cinco mil tarjetas de crédito que los clientes no habían pedido; abrir alrededor de tres millones y medio de cuentas bancarias no autorizadas, lo cual se tradujo en millones de dólares cobrados en comisiones; crear cuentas de correo electrónico fraudulentas desde las que suscribir a los clientes a servicios adicionales, y transferir el dinero de los clientes entre una cuenta y otra sin su permiso.

En respuesta a estas acciones, la Oficina para la Protección Financiera del Consumidor le impuso inicialmente a Wells Fargo una multa de ciento ochenta y cinco millones de dólares. El banco aceptó pagar también alrededor de ciento diez millones de dólares a sus clientes tras la consecuente demanda colectiva (aparte de los millones de dólares de costes jurídicos), y su reputación sufrió un daño irreparable.

En el despiadado mundo actual de las altas finanzas, es fácil imaginar a un puñado de individuos sin escrúpulos que incurra en actividades delictivas. Pero ¿cómo llegaron a involucrarse en este fraude tan desvergonzado y extendido más de cinco mil empleados?

Una investigación independiente que analizó con detalle las prácticas comerciales de la compañía financiera llegó a una conclusión reveladora:

> La causa principal de las actividades fraudulentas fue la distorsión de la cultura comercial del Banco y de su sistema de gestión, que, *combinados con una gestión comercial agresiva, presionó a los empleados* para que vendieran a los clientes productos innecesarios y, en algunos casos, abrieran cuentas no autorizadas.[9] (las cursivas son mías).

Sabrina Bertrand, que en 2013 trabajaba como gestora personal autorizada de Wells Fargo en Houston, indica:

Hubo más de un director que me gritó a la cara. Querían que abriéramos una segunda cuenta corriente a nombre de algunos clientes que tenían ya problemas para manejarse con la primera. La presión por parte de los directivos era insoportable.[10]

Erik, que trabajaba en la central de Wells Fargo, en San Francisco, contó que los empleados estaban sometidos a una presión constante para que vendieran productos bancarios (cuentas, tarjetas de crédito, préstamos). A los trabajadores que no lograban alcanzar el número de ventas diario «se los amonestaba y se les decía que recurrieran a lo que hiciera falta». Dice:

Fueron muchas las veces que vi a compañeros míos casi desquiciados a causa de la presión. Lloraban, se desmoronaban; continuamente se les llamaba de uno en uno para que fueran al cuarto del fondo a recibir sesiones de asesoramiento.

Una empleada a la que llamaremos Mónica, que trabajaba también en la oficina central, habla de la angustia de aquellas sesiones. Dos encargados la escoltaban hasta una habitación sin ventanas y cerraban la puerta con llave. Le indicaban que se sentara ante una gran mesa de conferencias, le entregaban una notificación formal y le pedían que la firmara. «Si no alcanzas los objetivos, no eres miembro del equipo —le decían—. Si entorpeces el trabajo de equipo, habrá que despedirte, y así constará para siempre en tu currículum». Mónica, que tenía poco más de veinte años, relata que tenía miedo de empezar con mal pie su carrera profesional, sobre todo en mitad de una crisis financiera. «Te tenían en sus manos. Pensabas que ninguna otra empresa te contrataría nunca por temor a que la llevaras a la ruina»,[11] me contó.

Lo que ocurrió en Wells Fargo no parece tener mucha relación con la inteligencia emocional tal como la consideramos normalmente. Pero la realidad es que la dirección de la compañía financiera utilizó la manipulación emocional y el engaño —elementos oscuros de la inteligencia emocional— para conseguir sus objetivos. Aunque es difícil estimar cuánto tendrá que pagar Wells Fargo entre multas y devoluciones a los clientes, lo que sí sabemos es que al menos dos altos ejecutivos a los que se declaró culpables de las actividades fraudulentas se fueron de la compañía llevándose varias decenas de millones de dólares de indemnización cada uno.[*]

Curiosamente, lo que más llama la atención de estos casos no es el comportamiento falto de escrúpulos, sino el hecho de que descubrieran a Wells Fargo y se destapara su red de manipulación y mentiras, y que la compañía entera fuera denunciada y avergonzada públicamente. Por desgracia, muchas otras consiguen eludir a diario las consecuencias de sus manipulaciones emocionales.

---

[*] Según la revista *Fortune*, a John Stumpf, ex director ejecutivo de Wells, se le exigió la devolución de un 40 % de los 174 millones de dólares que había reunido al retirarse de Fargo, entre beneficios e indemnización total. A la que había sido directora de servicios bancarios a los particulares, Carrie Tolstedt, se le exigió que devolviera un 54 % de los 125 millones de dólares de su remuneración. (Jen Wieczner, «How Wells Fargo's Carrie Tolstedt Went from Fortune Most Powerful Woman to Villain», Fortune, 10 de abril de 2017, http://fortune.com/2017/04/10/wells-fargo-carrie-tolstedt-clawback-net-worth- fortune-mpw).

Pero ¿es siempre tan fácil de detectar la manipulación emocional?

Protégete

Las tentativas de manipulación emocional adoptan una multitud de formas. Piensa en los siguientes ejemplos:

Basta con ver unos cuantos anuncios publicitarios o entrar en unos grandes almacenes para darnos cuenta de los esfuerzos que hacen los vendedores por convencernos. Los departamentos de mercadotecnia invierten millones en bombardearnos a diario con sus palabras calculadas al detalle y sus preciosas imágenes, ideadas para conmovernos, para estimular en nosotros un ansia por lo más novedoso o avanzado, para hacernos sentir que necesitamos tener su producto *en este mismo instante*. Las empresas recopilan cantidades ingentes de datos; básicamente, conocen todos nuestros movimientos, y de ese modo pueden personalizar la experiencia publicitaria y animarnos a comprar más.

Los líderes comerciales intentan aprovechar el poder de la emoción para alcanzar sus metas. La profesora de la Universidad de Stanford Joanne Martin y su equipo llevaron a cabo un estudio sobre el comportamiento emocional durante el cual pasaron bastante tiempo con los empleados de la multinacional The Body Shop.[12] En cierto momento, su fundadora y antigua directora ejecutiva, Anita Roddick, se dio cuenta de la tendencia que tenía una empleada a desmoronarse y ponerse a llorar cuando se sentía frustrada. Vio en ese comportamiento una oportunidad estratégica y le dijo a la empleada que a aquello «había que sacarle provecho». La animó a canalizar la emoción, y le dijo concretamente en qué momento debía echarse a llorar durante una reunión inminente de la empresa.

En 2012, Facebook hizo un experimento para ver cómo respondían sus usuarios a una serie de cambios que hizo en los servicios de noticias. A algunos usuarios se les mostraba un contenido que se consideraba más alegre y positivo; a otros, un contenido más negativo. Pero cuando salieron a la luz los detalles del experimento, el público se indignó, por considerar que Facebook había cometido una flagrante manipulación emocional.[13]

Está claro que nos encontramos cada día con gente que trata de influir en nuestro comportamiento de modos mucho más triviales. Unas veces serán intentos obvios, como que nuestra pareja se ponga triste cuando no consigue salirse con la suya o un colega de trabajo tenga un ataque de rabia para influir en su jefe. Otras serán más sutiles, y quizá incluso utilicen algunos de los métodos y estrategias que he explicado en los capítulos anteriores.

Podrías preguntarte por tanto: «¿Y qué puedo hacer cuando alguien intenta influenciarme?».

Aquí es donde entra en juego tu sensibilidad social. Por ejemplo, ser capaz de percibir con precisión la capacidad que tienen los demás para regular las emociones puede servirte como mecanismo de defensa: una especie de «sistema de alarma emocional» que te alerte de que alguien está intentando manipular tus sentimientos, de que pretende convencerte para que actúes como a él le conviene o en contra de tus valores y principios.

Vamos a examinar algunos de los métodos que utilizan los individuos sin escrúpulos para explotar tus emociones, y también cómo puede combatirlos tu inteligencia emocional.

Miedo

Algunos manipuladores calculan en detalle cómo explotar el miedo y atemorizarte para forzarte a actuar. Quizá lo hagan de un modo sutil, mediante engaños o exageraciones, o de modo directo, recurriendo a las amenazas o incluso a la violencia verbal.

➤ **PRUEBA ESTO:** Trata de identificar situaciones en las que alguien utilice el miedo para influir en tus sentimientos y tus actos. Tememos lo desconocido; por lo tanto, estudia los hechos y considera posibles opiniones contrarias antes de emitir un juicio o tomar una decisión. Esfuérzate por tener una perspectiva completa. Si eres víctima de abusos, no te enfrentes a ellos solo; pide ayuda a alguien de confianza.

No podemos acabar definitivamente con todos nuestros miedos, pero saber identificarlos y prepararnos para hacerles frente nos da seguridad.

Ira

En el capítulo dos expliqué brevemente algunas técnicas para lidiar con las emociones negativas. Pero ¿y si alguien tiene la firme intención de irritarte? Tal vez un competidor, que intenta desconcertarte y quitarte de en medio, o un *trol* de Internet que quiere llamar la atención o simplemente divertirse.

El doctor Drew Brannon lleva casi diez años asesorando a deportistas, equipos y entrenadores de élite sobre cómo lidiar con los insultos y comentarios ofensivos: las armas que emplean los contrarios para desestabilizarte o hacerte perder la seguridad en ti mismo. «Que alguien intente manipularte y debilitarte —me dijo Brannon— debería darte seguridad, pues confirma que representas una amenaza para él y sus objetivos».[14]

El problema está en que ese individuo consiga manipularte, lo cual te puede llevar a tomar decisiones irracionales de las que quizá te arrepientas.

➤ **PRUEBA ESTO:** La forma en que decidas actuar con alguien que se comporta así dependerá mucho de la situación y de lo que esperes conseguir. Si se trata de un oponente, por ejemplo, conviene que preveas la posibilidad de que intente irritarte y pienses de antemano en cómo vas a reaccionar. A esta táctica, Brannon la llama «luz verde». Decía:

Les enseño a mis clientes a que tengan un plan, una forma establecida de responder sistemáticamente a un insulto. Es a lo que llamo «luz verde». Tener una respuesta programada permite saber exactamente hacia dónde dirigir el pensamiento cuando el contrario hace un comentario ofensivo, y eso ayuda a mantener la atención enfocada en lo que se esté haciendo. La luz verde surte efecto porque la mente funciona mejor cuando sabemos que somos capaces de vencer una dificultad. Si llega el momento, basta con hacer lo que se ha planeado y practicado.

Entusiasmo

Una serie de acontecimientos recientes han llamado la atención de todos sobre lo fácil que es difundir actualmente noticias falsas y que se extiendan a una velocidad sin precedentes. Los rumores y la información capciosa siempre han sido un problema, pero la tecnología moderna ha aumentado las posibilidades de que las falsedades lleguen a un público más extenso y con más rapidez.

Cuando alguien lee un relato o ve un vídeo que conecta con una emoción suya y la intensifica, es frecuente que comparta el vídeo o el relato en las redes sociales o por otros medios. Cuanta más gente los comparte, más credibilidad tienen. Ten en cuenta además lo rápido que evoluciona el panorama mediático; hoy en día son muchos los autores y blogueros financiados por la publicidad de «pago por clic». Cuantos más lectores tenga un artículo, más clientes conseguirán las empresas (y más ganancias), lo cual fomenta la información sensacionalista y tendenciosa.

En resumidas cuentas, vivimos en un mundo en el que cada vez son más los que intentan manipular nuestras emociones. Lo mismo a nivel individual que de grupo, son muchos los que contribuyen a la difusión de noticias falsas o tendenciosas, ya sea para difundir su ideología particular o para obtener beneficios económicos.

➤ **PRUEBA ESTO:** En lugar de creerte desde el primer momento una noticia, una imagen o un vídeo y compartirlos de inmediato, plantéate lo siguiente:

1. ¿Cuál es su procedencia?

Si es un material anónimo, puede ser difícil determinar la veracidad de lo que dice. La información que va acompañada del nombre de un autor al que se puede localizar suele ser más fiable. «Hay que tener cuidado también con las organizaciones que citan a la ligera a otras organizaciones sin hacer las especificaciones necesarias –advierte Ian Fisher, director editorial adjunto de operaciones digitales del *New York Times*–. No arriesgan nada al hacerlo. Siempre pueden decir: "Ah, fueron ellos los que lo dijeron, no nosotros"».[15]

2. ¿Cuál es el contexto?

Incluso aunque leas una cita directa o veas (u oigas) a alguien hablar o actuar de determinado modo, te puede ser difícil entender la situación si no conoces el contexto. ¿Qué es lo que intenta decir esa persona en definitiva? ¿Qué circunstancias pueden haber contribuido a lo que has oído o visto? Estas preguntas pueden ayudarte a entender mejor una situación antes de hacer ningún comentario.

3. ¿Cuánto tiene de sensacionalista?

Si un relato te parece inverosímil, muy probablemente lo sea.[*] Además, es importante calibrar el grado de tendenciosidad cotejando la información con la publicada por un tercero. ¿Quizá el relato es una versión muy subjetiva de un suceso? ¿Es extremista cuando intenta elogiar o desacreditar a alguien? ¿Quién se beneficiaría de que la noticia se difundiera? ¿Es posible que el autor tenga motivos ocultos?

---

[*] En 2017, el periódico *The Guardian* publicó un artículo sobre «una nueva generación de herramientas para la manipulación de grabaciones de audio y de vídeo que debe su existencia a los avances de la inteligencia artificial y los gráficos digitales» que permite crear material de apariencia realista pero esencialmente engañoso. Por ejemplo, el *software* desarrollado en la Universidad de Stanford se utilizó para manipular las grabaciones de vídeo de personajes públicos. El *software* capturaba las expresiones faciales de un segundo individuo mientras le hablaba a una *web-cam* y luego superponía esos movimientos directamente sobre el rostro del personaje público grabado en el vídeo original. Utilizando otra herramienta de *software*, un equipo era capaz de tomar una grabación de entre tres y cinco minutos en la que se oía la voz de una víctima (por ejemplo, sacada de un vídeo de YouTube) y crear una voz lo bastante parecida como para engañar incluso a los sistemas biométricos de seguridad que utilizan algunos bancos y teléfonos móviles. El resultado era un vídeo de esos personajes públicos diciendo cosas que, en realidad, no habían dicho nunca. (Olivia Solon. «The Future of Fake News: Don't Believe Everything You Read, See or Hear», *The Guardian*, 26 de julio de 2017, www.theguardian.com/technology/2017/jul/26/fake-news-obama-video-trump-face2face-doctored-content).

4. ¿Cómo cuentan la noticia otros medios informativos?

Andy Carvin, experimentado estratega y responsable de redes sociales de la NPR, la Radio Pública Nacional de Estados Unidos, sostiene:

> Si un medio de información dice: «Podemos confirmar que tal cosa ha ocurrido», presta atención a lo que dicen otros medios sobre el tema. Porque teóricamente podemos cotejar esa información con la que presentan una segunda y una tercera fuente para llegar hasta cierto punto a la verdad. Pero cuanto menor sea el número de entidades que aseguran que algo ha ocurrido, más cautelosos deberíamos ser al respecto.[16]

5. ¿De verdad necesito compartir esta información?

Recuerda las técnicas que has aprendido, entre ellas detenerte unos instantes y hacerte preguntas como: «¿Es necesario que cuente esto? ¿Es necesario que esto lo cuente yo? ¿Es necesario que cuente yo esto justo ahora?».

Dedicar unos instantes a responder a estas preguntas puede evitarte difundir información falsa y tener que retractarte o eliminarla después.

Confusión

Es posible que, a veces, alguien intente confundirte para obtener de ello alguna ventaja. Esto puede hacerse de maneras muy diversas; por ejemplo, tu interlocutor podría hablar muy rápido, emplear un vocabulario con el que no estás familiarizado o negar tajantemente algo que sabes que es verdad.

> **PRUEBA ESTO:** Si algo de lo que ha dicho tu interlocutor no te ha quedado del todo claro, pídele que hable más despacio o que repita sus palabras. Luego, sigue haciéndole preguntas hasta entenderlo por completo. También puedes repetir lo que ha expresado con tus propias palabras y pedirle que ponga algún ejemplo, lo cual te permite volver a tomar las riendas de la conversación. Por último, no tengas miedo de pedir una segunda o tercera opinión a personas de confianza.

Reciprocidad

En pocas palabras, hablamos del deseo de corresponder a alguien que ha hecho algo por nosotros. Si alguien nos hace un regalo o un favor, sentimos la necesidad de responder en consonancia.

El problema es que hay quienes utilizan la «regla de la reciprocidad» para explotar a los demás, como explica el profesor de psicología Robert Cialdini en su famoso libro *Influencia*:

Puesto que existe una aversión general hacia quienes aceptan lo que se les da pero no se esfuerzan en absoluto por corresponder, a menudo hacemos todo lo posible para evitar que nos consideren gorrones, ingratos o aprovechados. Es entonces cuando podemos encontrarnos con individuos que traten de aprovechar en su propio beneficio nuestro sentido de la gratitud.

Imagina, por ejemplo, que alguien se empeña en hacerte pequeños favores y te pide favores mucho mayores a cambio. O que alguien te inunda de regalos caros y alabanzas excesivas con la sola intención de ganarse tu simpatía o tu influencia.

➤ **PRUEBA ESTO:** Ten cuidado a la hora de aceptar regalos o favores y estate atento a aquellos que solo parecen dar, cuando lo que quieren en realidad es algo a cambio. No se trata de que desconfíes de todas las muestras de generosidad y las rechaces de plano, lo cual te privaría de muchas oportunidades de experimentar la amabilidad o la humanidad genuinas de los demás. Se trata solo de que reflexiones un poco sobre qué relación tienes con la persona que te hace regalos, así como sus posibles motivos.

Si, además, aprendes a distinguir cuándo intenta alguien aprovecharse de la regla de la reciprocidad, desarrollarás la fortaleza emocional que necesitas para evitar que te engañen.

Demostración social y presión del grupo

Cuando no estamos seguros de cómo actuar, solemos mirar cómo actúan los demás para saber cómo comportarnos. Es una forma de «demostración social» que puede resultar útil, ya que quizá nos evita hacer algo inapropiado.

El problema es que hay veces en que un individuo o un grupo utilizan la demostración social para presionarnos a actuar en contra de nuestros valores o principios. Por ejemplo, imagina que un deportista profesional convence a otro miembro de su equipo de que tome anabolizantes porque «es lo que hace todo el mundo».

> **PRUEBA ESTO:** Si dedicas un poco de tiempo de vez en cuando a repasar tus valores y reflexionar sobre ellos, sabrás con seguridad en qué crees y podrás mantenerte fiel a tus principios incluso estando bajo presión. Además, emplear las técnicas que te expliqué en el capítulo dos (hacer una pausa y un «avance rápido», por ejemplo) te ayudará a madurar las decisiones, en lugar de seguir a una multitud que encamina sus pasos en la dirección equivocada.

Comportamiento pasivo-agresivo

Este comportamiento consiste en manifestar sentimientos negativos, resentimiento y agresividad tímidamente o de un modo «pasivo». Puede estar motivado por un constante deseo de posponer o evitar conversaciones de índole emocional o por gestos y comentarios sutiles que indiquen incomodidad. Incluye comportamientos como los siguientes:

- Negarse a admitir que se está enfadado por una razón de peso.
- Enfurruñarse.
- Utilizar el silencio como castigo (la ley del hielo).
- Acceder verbalmente a una proposición, para contentar a los demás, pero no actuar realmente (o posponer de forma continua la acción con el solo propósito de librarse finalmente de tener que cumplir lo que se dijo).
- Hacer mal un trabajo deliberadamente (o peor de lo esperado).
- Alegar ignorancia.
- Hacer halagos hipócritas.
- Responder con sarcasmo.

Muchos de los que emplean con regularidad un comportamiento pasivo-agresivo ni siquiera se dan cuenta. Sin embargo, eso no lo hace más fácil de soportar.

➤ **PRUEBA ESTO:** Signe Whitson, coautora de *The Angry Smile*, asegura que la única manera de responder de verdad a la agresividad pasiva es plantarle cara:

No se trata de emplear algún tipo de táctica autoritaria, desafiante e intimidadora para obligar a esa persona a admitir que ha hecho lo que ha hecho, sino de ser capaces de llevar a cabo una intervención verbal tranquila y reflexiva y exponer con delicadeza lo que pensamos sobre su comportamiento y su ira encubierta.[17]

Para ello, es importante que te asegures de comunicar con claridad lo que sientes y lo que esperas. Si tienes la impresión de que sabes qué le ha provocado al otro esa agresividad, pregúntale directamente si eso es lo que le inquieta. Si dice que no, créele, pero con delicadeza haz lo posible por que la conversación continúe. Toma la iniciativa de disculparte por cualquier cosa que hayas hecho y que haya podido herir sus sentimientos y pregúntale qué podrías hacer para que se sienta mejor.

Una vez que se sepa cuál es el problema, tratad de buscar juntos una solución que os satisfaga a los dos y permita zanjar el asunto.

La bomba de amor

«El bombardeo amoroso es un intento de influir en el otro con manifestaciones desmesuradas de atención y afecto», escribe el psiquiatra Dale Archer. A diferencia de lo que ocurre en una buena relación, en la que las manifestaciones de afecto son continuas y los actos están en consonancia con las palabras, el bombardeo amoroso suele significar «un cambio brusco del tipo de atención que se presta al otro: de un trato afectuoso y tierno se pasa a uno controlador y furioso, con el que se le hacen exigencias disparatadas».[18]

Archer y otros profesionales de la medicina consideran que el bombardeo amoroso es realmente un arma, una forma de manipulación psicológica que se utiliza para mantener el poder y el control en una relación. Los proxenetas y los jefes de bandas callejeras lo usan para alentar la lealtad y la obediencia. Los líderes de algunas sectas religiosas lo han puesto en práctica para obligar a sus seguidores a cometer un suicidio colectivo. Y no son pocos quienes utilizan el bombardeo amoroso como forma de maltrato a su pareja.

¿Cómo combatir el uso siniestro de la inteligencia emocional? Haciendo lo posible por aumentar la tuya.

➤ **PRUEBA ESTO:** Si tienes presente que se tarda tiempo en crear una relación de confianza, no te dejarás seducir fácilmente por aquellos que te adulen constantemente, que intenten llevar la relación a un nivel para el que no estás preparado o que se deshagan con demasiada rapidez en demostraciones de afecto pero luego pierdan fácilmente los estribos o encuentren otras formas de «castigarte» cuando no consiguen de ti lo que quieren.

Si tienes la sensación de que una relación va demasiado aprisa, no tengas miedo de ralentizar la marcha ni temas tampoco decir no cuando sientas que es lo oportuno. Si crees que estás ya fuertemente enredado en una relación abusiva o tóxica, habla de ello con un amigo o alguien de la familia en quien confíes, o busca ayuda profesional.

Es obvio que estas son solo algunas tácticas de manipulación emocional y que la lista es mucho más larga. ¿Cómo puedes defenderte de otras tácticas similares?

Recuerda que el conocimiento es poder. Procura ser cada día más consciente de ti mismo y cultivar la sensibilidad social estando atento a las diversas maneras en que otros pueden utilizar las emociones en tu contra. Luego, trata de equilibrar las reacciones emocionales instintivas con pensamientos sensatos, razonando con fundamento, y utilizando las distintas técnicas que has aprendido en este libro.

Cómo la valentía y la resiliencia crearon un punto de inflexión

Hace poco fuimos testigos, en la vida real, de una batalla entre los dos lados de la inteligencia emocional, la oscuridad y la luz, a raíz de que muchas mujeres valientes (y algunos hombres) declarasen haber sufrido acosos y agresiones sexuales en el trabajo.

Se cree que lo que animó a tantas mujeres a dar el paso pudo haber sido un artículo publicado en el *New York Times* que hablaba de las denuncias por abuso sexual interpuestas contra el conocido productor de Hollywood Harvey Weinstein. Eran muchas las mujeres que aseguraban que Weinstein había utilizado su poder e influencia en la industria cinematográfica para requerir de ellas favores sexuales.[19]

En el curso de las siguientes semanas, las acusaciones por conducta misógina crecieron exponencialmente, y denunciaban desde técnicas de intimidación hasta el acoso e incluso la agresión sin reservas. Decenas de hombres poderosos del mundo empresarial dimitieron o fueron despedidos al ir aumentando el número de acusaciones contra ellos, lo que acabó llamándose el «efecto Weinstein».

El resultado fue una denuncia sin precedentes. Millones de mujeres utilizaron en las redes sociales al *hashtag* #Me too ['a mí también'] —lema acuñado por la activista Tarana Burke, que inició la campaña en defensa de los derechos de las mujeres, y popularizado por la actriz Alyssa Milano— para sumar sus voces a la protesta. Innumerables víctimas de acoso sexual se sintieron inspiradas a denunciar públicamente su caso, y obligaron así a que una pandemia silenciada se convirtiera en centro de atención. En el mundo entero, amigos, familiares y colegas de las víctimas empezaron a hablar del problema, de sus causas y de cómo evitarlo.[20]

¿Por qué ahora? ¿Por qué se ha prestado atención en este momento a una realidad que lleva necesitándola desesperadamente desde hace años?

Es difícil de decir, pero parece que la historia ha ido contribuyendo a que se llegara a este punto inevitable.

Durante años, muchísimas mujeres no se han atrevido a contar su experiencia. Por miedo a que no se las tomara en serio (o no se las creyera), por miedo a que se las avergonzara o ridiculizara, por miedo a las represalias. Miedo a que un solo momento, que se las obligó a vivir, pudiera acabar definiendo el resto de sus vidas.

Sin embargo, cada vez son más las mujeres que han hablado de su batalla contra el acoso sexual en estas últimas décadas, y esas mujeres han inspirado a su vez a otras a contar su caso. El imparable auge de las conversaciones hizo que muchas víctimas se dieran cuenta no solo de que no estaban solas, sino de que formaban parte de una escalofriante mayoría. Y al unirse esas voces, su sonido fue haciéndose cada vez más fuerte, hasta provocar una grieta que con el tiempo rompió el dique de contención.

La escritora Sophie Gilbert lo explicaba así en un artículo que publicó en la revista *Atlantic*: «Queda muchísimo por hacer para acabar con este clima de depredación sexual en serie, en el que a las mujeres se nos menosprecia y agravia y maltrata y a veces además se nos echa del trabajo. Pero que haya salido a la luz la escala colosal del problema es de por sí revolucionario».[21]

Contra el poder

En algún momento, te cruzarás con aquellos que intentan utilizar el lado sombrío de la inteligencia emocional en su propio provecho. Algunos son deliberadamente astutos y manipuladores; otros creen que no hacen más que intentar alcanzar un objetivo. En cualquiera de los casos, recuerda esto: eres *tú* quien tiene el control de tus reacciones emocionales.

La ira y el miedo, por ejemplo, son emociones que pueden hacerte mucho daño, sobre todo si te lanzas a sacar conclusiones sin conocer bien los hechos. Una vez que te apegues emocionalmente a una convicción, te será más difícil ser objetivo. Por eso es importante que, además de la facultad de sentir, utilices la facultad de pensar, para asegurarte de que lo que crees está basado en la verdad.

Entiéndeme, no pretendo alentar en ti sospechas innecesarias ni que te formes la imagen de que ahí estás tú, solo contra el mundo. Pero te aconsejo que seas cauteloso, incluso escéptico, cuando lo requiera la ocasión. En lugar de contemplar cada una de esas posibles interacciones como un juego de suma cero, en el que cada cual va a la suya y punto, considéralas oportunidades de aprender, ocasiones para mejorar tu propia inteligencia emocional. Cuando descubras que alguien es capaz de provocarte emociones intensas, reconoce ese poder y, al mismo tiempo, haz lo posible por mantener el equilibrio en lo que respecta a tus palabras y tus actos. Una vez que esos sentimientos se hayan aplacado, repasa el «qué» y el «por qué»: qué palabras o actos de tu interlocutor te han provocado esas emociones? ¿Por qué? ¿Cuáles son los verdaderos motivos y deseos de ese individuo que tiene tal poder sobre ti?

Que alguien nos convenza, nos motive y sea capaz de influir en nosotros puede ser bueno, si conduce a que hagamos algo que esté en consonancia con nuestros principios. Pero si no es así, si descubres que esa persona te ha engañado o se ha aprovechado de tu ingenuidad, haz un esfuerzo por comprender cómo ha ocurrido y cómo puedes evitar que se repita. Con la práctica, serás cada vez más consciente de ti mismo y del comportamiento de los demás, y tendrás más control sobre tus pensamientos y tus actos, lo cual te ayudará a no ser esclavo de tus emociones incluso aunque un manipulador sagaz se esfuerce en aprovecharse de ti.

Por encima de todo, recuerda esto: el mejor modo de protegerte de alguien que use la inteligencia emocional para hacer daño es procurar aumentar la tuya.

Lo que acabo de decir tiene, no obstante, un inconveniente, y es que cuando la capacidad de controlar y dirigir las emociones aumenta, se convierte en una fuente de poder, y el poder corrompe. Como ya hemos visto, algunos de los personajes más abyectos del mundo han dado pruebas innegables de poseer una alta inteligencia emocional, al menos en algunos aspectos. ¿Fue el egoísmo lo que los movió a desarrollar tal conocimiento de las emociones, o fue su capacidad para controlar y dirigir las emociones lo que acabó convirtiéndolos en seres codiciosos y egoístas? ¿A partir de qué punto deja de ser ético intentar influir en las emociones de los demás?

Reflexionar sobre estas preguntas nos recuerda que la inteligencia emocional es simplemente una pieza más del rompecabezas.

Haz todo lo posible por aumentar tu CE y pon en práctica la inteligencia emocional, pero no a expensas de tus principios. Deja que sea la brújula moral la que dirija tus actos, y que la ética y los valores guíen tu desarrollo como persona.

Hazlo, y es de esperar que eso te evitará ser víctima del lado oscuro.

9

En adelante

Abraza el viaje emocional

●　●　●　●　●　●　●　●　●　●　●

Eres preciosa porque te permites sentir, y
hace falta mucho valor para eso.
Shinji Moon

He procurado explicar con claridad a lo largo del libro por qué es tan importante la inteligencia emocional y te he propuesto métodos concretos para ayudarte a elevar tu CE. Has visto que, aunque es fundamental que entiendas cómo funcionan las emociones, es todavía más importante que utilices ese conocimiento para alcanzar de verdad tus objetivos.

Has descubierto que dedicar un poco de tiempo a hacerte las preguntas adecuadas, y a hacérselas a otros, puede ayudarte a ser más consciente de ti mismo y de los demás, y que aprender a controlar tus pensamientos puede ayudarte a sacar más provecho de tus emociones. Has aprendido no solo a identificar un secuestro emocional, sino también a escapar de él, y por qué deberías entender que prácticamente cualquier crítica es en realidad un regalo, puesto que te da la oportunidad de aprender y mejorar.

Es de esperar que hayas adquirido conocimientos prácticos que puedan inspirarte estrategias de desarrollo emocional para el futuro. Por ejemplo, que ideando hábitos saludables que reemplacen a los automatismos destructivos puedes tomar las riendas de tu comportamiento emocional y, con el tiempo, moldear tus reacciones; en definitiva, reconfigurar tu cerebro. Has aprendido también que demostrando autenticidad, humildad y respeto puedes inspirar a otros a demostrar en respuesta las mismas cualidades. No olvides el valor de la empatía emocional inteligente, es decir, aquella que crea entendimiento y te ayuda a conectar con los demás pero que no te agota emocionalmente.

En adelante, te animo a que descubras la diversidad de maneras en que se manifiesta la inteligencia emocional en tu día a día. Quizá la encuentres en tu camarero favorito, que siempre tiene una sonrisa y unas palabras que te ponen de buen humor; o tal vez en una amiga, en alguien de la familia o en un colega que siempre está dispuesto a escucharte.

Tal vez la veas en los gestos de un niño, como me ocurrió a mí el otro día. Mi hijo pequeño, al darse cuenta de que no me encontraba bien, se sentó a mi lado, me pasó el brazo alrededor de los hombros y, mirándome a los ojos, me dijo: «Te quiero, Papá». Tres simples palabras, pero lo bastante poderosas como para cambiarme el estado de ánimo en un instante.

De todos modos, como ya sabes, ver en acción la inteligencia emocional de según qué personas puede no dejarte muy buen sabor de boca. A veces la inteligencia emocional muestra su rostro menos benévolo: un compañero de trabajo se empeña en hacerte enfadar para conseguir lo que quiere o un *trol* de Internet juega contigo y acaba por desquiciarte. Si ocurre, acuérdate de poner en práctica lo que has aprendido.

En el transcurso del viaje emocional, te darás cuenta de que muchas veces tenemos sentimientos contradictorios. Todos hemos sentido amor y odio, alegría y tristeza, valentía y miedo. Es un terreno común que debería unirnos como humanos, aunque a menudo precisamente las mismas emociones que nos unen crean conflictos y acaban por separarnos. Pero si hay algo que he aprendido a lo largo de los años es esto: somos todos mucho más parecidos que diferentes; las diferencias nos dan simplemente la oportunidad de aprender.

Fíjate en mi amiga Jill, conocida por su tendencia a decir lo primero que se le pasa por la cabeza, lo cual hace que resulte indiscreta, y por eso suele causar de entrada una mala impresión. A menudo, Jill no se da cuenta del efecto que tienen sus palabras, y esa falta de sensibilidad social en ocasiones le hace mucho daño.

Pero la forma impulsiva que tiene de comunicarse es también una virtud. Si hay que decir algo y a los demás les cuesta, no tiene inconveniente en ser ella quien lo diga —por ejemplo, sugerirle a alguien que se coma un caramelo de menta, si su aliento lo exige—. Tampoco tiene miedo de mostrar sus emociones, lo cual produce un efecto curioso: la gente se siente atraída hacia ella. Muchos aprecian su autenticidad y su franqueza porque generalmente dice las cosas con buena intención. Se sienten cómodos con ella, sabiendo que pueden bajar la guardia como Jill hace con ellos.

Con el tiempo, me di cuenta de que estos rasgos le dan una capacidad asombrosa de llegar a la gente como muy pocos son capaces de hacerlo; tiene el poder de motivar y de influir. Prácticamente todo el que la conoce de verdad la adora y está encantado de seguir su ejemplo.

Personalmente, dado que soy alguien a quien por naturaleza le cuestan los enfrentamientos, he aprendido mucho de Jill. Me ha enseñado el valor de decir lo que en definitiva es necesario decir, incluso a pesar de que en principio la persona a la que va dirigido se pueda sentir incómoda. Y aunque me siga dando muchas satisfacciones reflexionar antes de decir las cosas, Jill me ha enseñado a no pensar exageradamente cada palabra y cada movimiento.

Esto que yo he aprendido es algo que no debes olvidar: la inteligencia emocional se presenta bajo toda clase de formas, tamaños y apariencias. Hombres o mujeres. Silenciosos o escandalosos. Impetuosos o comedidos. Líderes o seguidores.

A la vez que tomas conciencia de tus tendencias y debilidades emocionales, procura aprender de aquellos que son lo más opuesto a ti. Porque en muchos casos, son ellos los que más te pueden enseñar.

Unas últimas palabras

Las emociones influyen prácticamente en todo lo que hacemos en nuestra vida. De ellas depende que disfrutemos o no con una película, una canción o una obra de arte. Contribuyen a que decidamos dedicarnos a una u otra profesión, a que prefiramos un puesto de trabajo u otro. Afectan a decisiones como dónde queremos vivir y durante cuánto tiempo. Nos ayudan a determinar con quién elegimos pasar el rato, a quién le pedimos una cita, de quién nos enamoramos y con quién nos casamos... y a quién dejamos atrás.

Las emociones nos hacen tomar una decisión en una fracción de segundo, cuyas consecuencias nos acompañarán la vida entera. A veces, nos hacen tener la sensación de que estamos atrapados en un agujero negro del que no hay salida, incluso aunque a los ojos del resto del mundo aparentemente lo tengamos todo. Pero también pueden hacer brillar una luz al final del túnel, y conseguir así que hasta las peores circunstancias sean más tolerables.

Las emociones determinan cómo elegimos a nuestros líderes y cómo nos eligen ellos. Han sido el motivo de todas las guerras que se han librado en el mundo y de todos los tratados de paz que se han firmado.

Por todas estas razones, es tan incalculablemente valiosa la inteligencia emocional.

Recuerda que la inteligencia emocional no es la facultad de comprender cada sentimiento que tienes en el instante en que se produce, ni de diseccionar cada hecho en el instante en que sucede. La inteligencia emocional es la capacidad de penetrar en las cosas para comprenderlas en profundidad cuando hacerlo te beneficia, y la capacidad de disfrutar sencillamente del momento cuando no.

No hay un certificado vitalicio de CE. Lo mismo que un músico que no practica se estanca muy pronto, dejar de reflexionar y de procurar ver las cosas desde una perspectiva distinta te hará perder poco a poco la capacidad de hacerlo con soltura. Cuando tenemos la sensación de que «dominamos» una faceta de la inteligencia emocional, suele ser cuando cometemos los errores más graves. Pero será la manera en que resuelvas esos errores lo que determinará lo emocionalmente inteligente que en verdad eres. En esos momentos, unos instantes de reflexión y de práctica te darán una comprensión asombrosa y hasta revelaciones que pueden cambiarte para mejor, si se lo permites.

Cuando se presenten, por favor, cuéntamelo; al final del libro encontrarás la información que necesitas para ponerte en contacto conmigo. En definitiva, somos todos estudiantes, y seguimos aprendiendo unos de otros.

De modo que sigue aprendiendo esas lecciones. Sigue haciendo lo posible por encauzar el gran poder de la emoción, y evitarás convertirte en esclavo de tus sentimientos. Proponte aprender y comprender, con el objetivo de ser mejor persona. Y lo que aprendas, utilízalo para protegerte de los que intenten aprovecharse de ti y de tus emociones.

Por encima de todo, recuerda que las emociones son maravillosas. Nos hacen humanos.

Disfruta de ellas. Ámalas. Abrázalas.

Eso sí, nunca infravalores su poder, ni su potencial de hacer daño.

Aprende a vivir en armonía con estas verdades fundamentales, y te aseguro que lograrás que las emociones actúen a tu favor, y no en tu contra.

Apéndice

Los diez mandamientos de la inteligencia emocional

• • • • • • • • • •

I. Estudiarás tus sentimientos

El primer paso de la inteligencia emocional es aprender a hacer las preguntas adecuadas, como, por ejemplo:

- ¿Cuáles son, a nivel emocional, mis puntos fuertes? ¿Cuáles son mis puntos débiles?
- ¿Cómo describiría mi forma de comunicarme? ¿Cómo la describirían los demás?
- ¿Cómo afecta mi actual estado de ánimo a los pensamientos que tengo y las decisiones que tomo?
- ¿En qué situaciones descubro que las emociones se vuelven en mi contra?

Reflexionar sobre cuestiones como estas te ayudará a ser más consciente de ti mismo, lo cual te revelará detalles muy valiosos que puedes utilizar a tu favor.

II. Aprenderás de otras perspectivas

Cuando escuches a alguien, en lugar de estar atento a si tiene razón o no en lo que dice, intenta entender en qué se diferencia su percepción de la tuya y por qué.

Esto incluye aprender a escuchar los comentarios desfavorables, lo cual puede hacerte ver aspectos de ti que desconocías y darte la posibilidad de mejorar.

III. Aprenderás a hacer una pausa

Hacer una pausa es algo tan sencillo como pararte un momento y pensar, antes de actuar o de hablar. Ten cuidado, porque en teoría parece fácil, pero en la práctica es muy difícil.

No aspires a la perfección. Practícalo con seriedad, y esa pausa te evitará situaciones bochornosas y tal vez te permita salvar muchas relaciones.

IV. Practicarás la empatía

En lugar de juzgar y encasillar a los demás, haz lo posible por ver las cosas desde su perspectiva. Escucha con la intención de comprender a tu interlocutor y su punto de vista, incluso aunque no estés de acuerdo con él. Pregúntate: «¿Por qué piensa esto? ¿Qué puede haberle ocurrido para que vea las cosas de esta manera?».

Empatizar con los demás nos da más posibilidades de influir positivamente en ellos y de establecer mayor conexión e intimidad en las relaciones.

V. Elogiarás a los demás

Los seres humanos estamos deseosos de recibir elogios y reconocimiento sinceros. Cuando expresamos aprecio por los demás, satisfacemos esa necesidad y contribuimos a crear además un clima de confianza.

Recuerda que siempre hay algo por lo que merecemos que se nos elogie. A todos. Si te fijas en lo bueno que hay en el otro, y luego le dices cuánto aprecias concretamente eso de él, le inspiras a dar lo mejor de sí.

VI. Te disculparás

Lo siento son a veces las dos palabras más difíciles de decir, pero también las que más fuerza tienen.

Admite tus errores y pide disculpas cuando sea necesario; de este modo, desarrollarás cualidades como la humildad y la autenticidad, y naturalmente eso te hará una persona más atractiva.

VII. Perdonarás

Negarte a perdonar es como volver a abrir una herida; significa que nunca te das una verdadera oportunidad de curarte.

En lugar de aferrarte al resentimiento mientras la parte que te ha ofendido sigue viviendo su vida, el perdón te da la posibilidad de dejar la ofensa atrás y seguir viviendo, a ti también.

VIII. Serás auténtico

Ser auténticos significa expresar lo que de verdad pensamos y sentimos, sabiendo que no todo el mundo estará de acuerdo con nosotros, lógicamente. Significa también darnos cuenta de que no somos perfectos, pero estar dispuestos a mostrar nuestras imperfecciones, porque sabemos que los demás tienen las suyas.

Ser auténtico no significa contárselo todo a todo el mundo continuamente. Significa decir lo que quieres decir, ser sincero y fiel a tus valores y principios por encima de todo.

IX. Controlarás tus pensamientos

Cuando te encuentras en una situación difícil, es posible que no tengas mucho control sobre lo que sientes. Pero si estás atento a lo que piensas, podrás controlar cómo reaccionas a esos sentimientos.

Estando muy atentos a lo que pensamos, podemos evitar ser esclavos de nuestras emociones. Sé consciente de tus sentimientos, reconócelos y déjalos atrás. Y sigue adelante de un modo que esté en armonía con tus valores y objetivos.

X. No dejarás de aprender

La inteligencia emocional no es un instrumento para alcanzar la perfección ni para conseguir un alto coeficiente emocional. Cuando uno tiene la sensación de que «domina» los otros nueve mandamientos, suele ser cuando comete los errores más graves. Pero será la manera en que resuelvas esos errores lo que determinará a nivel emocional lo inteligente que en verdad eres.

No infravalores el poder para el bien que tienen las emociones, ni tampoco su potencial para el mal. Y haz siempre lo posible por que las emociones actúen a tu favor, y no en tu contra.

Agradecimientos

Al mirar atrás, veo que el tema de las emociones me ha parecido siempre fascinante. Empecé a darme cuenta gracias a mis padres, que son polos opuestos. Yo me parezco principalmente a mi madre, que expresaba siempre con naturalidad lo que sentía. Le encantaba reírse, y aprovechaba cada oportunidad que se le presentaba. Otras veces, casi con la misma facilidad, lloraba de emoción. Yo heredé de ella esa capacidad de sentirlo todo intensamente, que me ha hecho ser quien soy. Entre las innumerables lecciones que me enseñó, una fue el valor de la empatía, y por ella le estaré eternamente agradecido.

Mi padre era distinto; le daba seguridad tenerlo todo bajo control. Resultaba evidente, por la forma en que evocaba emociones en los demás: era un magnífico narrador, que iba haciendo crecer (lentamente) el suspense y, a los que lo escuchábamos, nos tenía pendientes de cada palabra, a la espera de la gran revelación. Pero esa necesidad de control le hacía ocultar ciertas emociones para no parecer débil (hasta el día de hoy, nunca lo he visto llorar).

De mi padre, he aprendido que, como seres humanos que somos, sentimos las mismas emociones, pero el modo de expresarlas cambia mucho de una persona a otra.

Mi hermana es una mujer preciosa y muy fuerte, que aprendió a encajar las adversidades y a salir de ellas renovada. Y me enseñó a hacer lo mismo. Su seguridad es para mí una inspiración.

Mi hermano es un joven brillante y a la vez humilde, capaz de expresar las emociones de formas que yo no sé. Tenemos una conexión muy especial, y, aunque le llevo más de diez años, sigo aprendiendo de él. En muchos sentidos, me gustaría parecerme más.

Mi suegro es una de las personas más cálidas, hospitalarias, afectuosas y trabajadoras que he conocido, como lo fue también su esposa. Les estoy eternamente agradecido por que me aceptaran en su maravillosa familia, y estoy deseando volver a ver a Mamá.

Mi cuñado y mi cuñada, Adam y Ella, son más que de la familia; son mis amigos. De recién llegado a un país donde para mí todo era nuevo —el idioma, la comida, la cultura—, me hicieron sentirme en casa.

Fueron muchos los profesores que alimentaron mi pasión por la escritura, pero ninguno tanto como la señora Jane Glasser, que me dio clase de Análisis Literario el último año de instituto. Me animó a escribir, no solo para mí, sino también para los demás.

En 1998, recibí una invitación para ir a Nueva York a trabajar en Bethel, la sede mundial de los Testigos de Jehová. Acabé pasando allí los siguientes trece años de mi vida, en los que tuve mentores extraordinarios como

Marc y Jess Portillo, Kevin Wier, Mark Flores, Max Larson, John Larson, John Foster, Andres Reinoso, Alex Gonzales, Duane Svenson, Jon y Janet Sharpe, Alan y Joan Janzen, Ty y Rebecca Fulton, Diane Khanna, Tony Perez, Tony Griffin, Mark Mattson, Chuck Woody, Doug Chappel, Virgil Card y Thomas Jefferson, entre otros. Todos ellos me enseñaron que el liderazgo no lo define la posición, sino la acción, y me enseñaron también que los mejores jefes son aquellos que ponen a los demás primero. Tuve allí una educación y unas experiencias que no cambiaría por nada.

Lejos de casa, Fausto y Vera Hidalgo, Roel y Sheryl Tuzon, Priest Price, Sandra y Orvil Hinojos, Jesse y Liz Hoefle (y sus familias), las familias Venturina, Figueras, Flores, Lemsic, Carlos, Myszczenko, Asare y Romano me dieron un hogar, y mucho más de lo que nunca les podré devolver. Todos y cada uno de ellos tienen un sitio en mi corazón.

La señora. Lisle, Belén del Valle, la familia Mann, Anita Beyer y Kris Sistrunk me ayudaron a empezar con buen pie en Alemania y me enseñaron a hacer negocios en Europa.

Los equipos de redacción y edición de LinkedIn —entre sus miembros, Daniel Roth, Isabelle Roughol, Chip Cutter, John C. Abell, Amy Chen, Laura Lorenzetti Soper y Katie Carroll— me ofrecieron una plataforma donde expresar mis reflexiones e ideas, lo cual me brindó oportunidades que nunca habría creído posibles.

Jeff Haden me tomó bajo su tutela y me enseñó mucho más de lo que pensaba que se podía aprender sobre cómo abrirse camino en la vida como escritor; y lo hizo por la sola razón de que es auténticamente un buen tipo.

Laura Lorber se arriesgó, al darle a un escritor novel una columna en Inc.com. Y luego me ayudó enormemente a ser escritor.

Daniel Goleman, Carol Dweck, Howard Gardner, Brené Brown, Satya Nadella, Howard Schultz, el capitán Chesley B. «Sully» Sullenberger III, Robert Cialdini, Sheryl Sandberg, Simon Sinek, Tiffany Watt Smith, Tom Peters, Richard Davidson, Travis Bradberry, Jean Graves, Sharon Begley, Daniel Ariely, Daniel Kahneman, Victor Cheng, Joseph LeDoux y Susan David me ofrecieron todos nociones increíblemente reveladoras sobre las emociones, la mente o la teoría y la práctica del control de las emociones que han sido fundamentales para mi trabajo.

Hendrie Weisinger (el doctor Hank), Adam Grant, Chris Voss, Andy Cunningham, Drew Brannon, Lorenzo Díaz-Mataix y Julia Kristina tuvieron todos la generosidad de dedicarme su tiempo y de compartir conmigo su saber y sus experiencias en conversaciones y entrevistas en persona. Al igual que ellos, Brian Brandt, Trent Selbrede y Kristin Sherry me ayudaron a aclarar y definir las ideas.

Todo lo que Kevin Kruse y Sally Hogshead tuvieron la amabilidad de enseñarme sobre redacción y edición vale su peso en oro.

El equipo entero de Page Two fue una gran ayuda en la redacción y producción de este libro. Jesse Finkelstein me hizo un regalo asombroso: ni más ni menos que la visión de lo que este libro podía (y debía) ser. Gabi Narsted hizo mucho más que coordinar el trabajo del equipo y conseguir que todo estuviera a punto para la fecha prevista. Mi editora, Amanda Lewis, fue todo lo que podría haber deseado: me ayudó a dar énfasis a los puntos fuertes del libro, a mejorar notablemente los débiles y a ver mis palabras con los ojos del lector, además de darme ánimos en todo momento. May Antaki y Jenny Govier me ayudaron a pulir y a concretar, para que las palabras escritas representaran de verdad las que tenía en la cabeza. Peter Cocking, Taysia Louie y Aksara Mantra contribuyeron al precioso diseño del libro (de la edición original en inglés), por dentro y por fuera. Y es de agradecer que fuera así, puesto que todos sabemos que el lector juzga de entrada un libro por su cubierta... y también por su aspecto interior.

Por la singular combinación de inteligencia, experiencia y arranque, Ivette K. Caballero fue sin duda la persona idónea para dirigir el aspecto comercial. Michelle Alwine es una comunicadora extraordinaria, con la que ha sido un placer trabajar. Juntas, consiguieron que este libro haya llegado a las manos de muchísimos más lectores de lo que jamás habría conseguido solo.

Les estoy especialmente agradecido también a Le-Ron Pinder, Ruth Flores, Francis Bonilla, Myron Loggins, Chris y Sugeiri Brown, Masai Collins, Joe y April Paglia, Craig Martin, Dan y Priscilla Pecsok, Skip y Geege Koehler, Ralph y Sasha Mejia, Ernie y Diana Reed, Chris Boyce, Sherman Butts, Kevin Clanton, David y Arnie Locquiao, Curtis y Marlene Walters, Quirin y Jemima Gumadlas; a las familias Marcelo, Peña, Porcema y Jose; Stefan y Cherry Sanidad, Phil e Irish Santiago, Kevin y

Mayleen Smith, Ronnel Tuazon, Chelsea y Joshua Pulcifer, Tim y Monica Purscell, James Flood, Pete y Rebecca Schmeichel, Jim y Christa Birner, Jogesh Khana, Eric y Loida Lundy, Derrel Jones, Giraud Jackson, Jeremy y Zuleka Murrie, Eddie Castillo, Lena Johnson, Franklin y Rita Saucedo, Michael y Rebecca Gietler, Phil y Michelle Geringer, Gerry y Amy Navarro, Tim y Pam Zalesky, Joe Lueken, Aquil Khan, Glenn Balmes, Connie y Jonathan Lei, Genelle Morrison, Johnathan y Maureen Dimalanta, Melvin Dimalanta, Erick y Erica Calunsag, Rodge Jansuy, Mitch y Bridgeta Lipayon, Eric Islas, Randy y Johanna Rosabal, Omar Morales, Noe Luna, Joe y Barbara Lynch, Patrick y Rachel Swann, Mark y Linda Sprankle, la familia Vadala, Don y Andria Benjamin, la familia Rivera, Spencer y Rachel Wetten, Micah y Ashlie Helie, la familia Boie, Anne Brackett, Sia Stephanos, Sally Thornton, Mike y Jennifer Reis, Dawn y Todd Meyer, Zoe y Bill Conger, la familia Wardlow, Gary y Linda Gorum; las familias Robertson, Campau y Lello; Michael y Theresa O'Neill, Isabel y Ray Perez, la familia Mattson, Jocelyn y Darius Whitten, Beverly Stephens, Lemar y Rabiha Garnett, la familia Al-Shaffi, Matthias y Avelina Eichler, Ben y Monika Jenkins, Manuel y Hana Krause, Stefan Steiner, Jeremy Borkovic, Hannelore y Peter Mitrega, Harald y Sybille Beinczyk, Pieter y Karen Vousden, Rainald y Ruth Kahle, Niki y Nikita Karlstroem, Daniel y Dolores Hahn, Solano y Cyndi Williams, Virgil y Deidre Card, Dan y Katie Houghton, Alex y Tabitha Scholz, la familia Quohilag, Fernand y Jill Oundjian, Olga y Adam Grzelczyk, Magda y Rafal Szjabel, Lidia Mikunda, Agnieszka Zachariasz,

Nella y Olli Schueller, Ernst y Jessica Schneidereit, Russ y Arianne Miller, Tim Kouloumpas, Michael Reinmueller, Alex Reinmueller, Mark Noumair, Guy Pierce, Gerritt Lösch, Bobby y Galina Rivera, Kris y Doro Sistrunk, Falko y Dani Burkmann, Moritz y Vroni Strauss, Loren y Elsbeth Klawa; las familias Zachariadis, Ohene-Korang y Ordóñez; Bernd e Inge Wrobel, Silas y Melanie Burgfeld; las familias Schwicker, Ouedraogo y Schoemer; Vasilis y Veronika Chantzaras, Sonja y Uwe Herrmann, Elsbeth y Lorén Klawa, la familia Latimer, Daniel y Rachel Pilley, la familia Rosenzweig, Nora Smith, Virginia y Anais Chan, Daniel Wirthmueller, Jack y Caroline Simpson, Albin Fritz, Bill y Jason Liber, Sebastian Elstner, la familia Rurainski, y muchos otros a los que sé que lamentaré no haber nombrado aquí. No puedo expresar cuánto he aprendido de todos ellos.

Mi hijo, Jonah, y mi hija, Lily, me han inspirado emociones a un nivel diferente de todo lo demás que he experimentado en mi vida. En Jonah, encuentro tanto de mí que casi no doy crédito a lo que veo y a lo que oigo. Lily es una sorpresa constante, y ni toda la inteligencia emocional del mundo puede protegerme de su encanto (espero que elija utilizarlo para bien y no para mal). Todos los días, siento el corazón henchido de orgullo por estos dos seres, y doy gracias a Jehová por haberme bendecido con el placer, la responsabilidad y el privilegio de criarlos.

Y finalmente, está mi esposa, Dominika. Sabía que eras especial desde el momento que te vi, y has seguido impresionándome cada día desde entonces. Después de diez años casados, estoy más enamorado de ti que nunca.

Haces salir lo mejor de mí. Lo eres todo para mí. Sin ti, estoy perdido, literalmente.

Contigo, soy el hombre más feliz de la Tierra.

Referencias

Capítulo 1: De la teoría a la práctica

1. Andy Cunningham, entrevistada por el autor el 8 de diciembre del 2017.
2. «Sobre Daniel Goleman», Daniel Goleman (sitio web), consultado el 7 de enero de 2018, www.danielgoleman.info/biography.
3. Howard Gardner, *Estructuras de la mente: teoría de las inteligencias múltiples,* 2.ª ed. en castellano (Santa Fe de Bogotá, Colombia: Fondo de Cultura Económica, 1994).
4. Peter Salovey y John D. Mayer, «Inteligencia emocional», *Imagination, Cognition, and Personality* 9, n.º 3 (1990): 185-211, http://ei.yale.edu/wp-content/uploads/2014/06/pub153_SaloveyMayerICp1990_OCR.pdf.
5. Walter Isaacson, *Steve Jobs: la biografía* (Madrid: Debate, 2011).

Capítulo 2: Bajo control

1. Chesley B. «Sully» Sullenberger III y Jeffrey Zaslow, *Sully: hazaña en el Hudson* (Estados Unidos: HarperCollins Español, 2016).
2. Entrevista de Katie Couric a Chesley Sullenberger para *60 Minutes,* CBS, el 8 de febrero de 2009.
3. Andrea Bonoir, «The Surefire First Step to Stop Procrastinating», *Psychology Today*, 1 de mayo de 2014, www.psychologytoday.com/blog/friendship-20/201405/the-surefire-first-step-stop-procrastinating.
4. Louise Beattie, Simon D. Kyle, Colin A. Espie y Stephany M. Biello, «Social Interactions, Emotion and Sleep: A Systematic Review and Research Agenda». *Sleep Medicine Reviews* 24 (2015): 83-100.

5. Susan David, *Agilidad emocional: rompe tus bloqueos, abraza el cambio y triunfa en el trabajo y en la vida* (Málaga: Sirio, 2018).
6. Jeremy P. Jamieson, Wendy Berry Mendes, Erin Blackstock y Toni Schmader, «Turning the Knots in Your Stomach into Bows: Reappraising Arousal Improves Performance on the GRE», *Journal of Experimental Social Psychology* 46, n.º 1 (2010): 208-212.
7. Alison Wood Brooks, «Get Excited: Reappraising Pre-performance Anxiety as Excitement», *Journal of Experimental Psychology: General* 143, n.º 3 (2013): 1144-1158.
8. David Kidd y Emanuele Castan, «Different Stories: How Levels of Familiarity with Literary and Genre Fiction Relate to Mentalizing», *Psychology of Aesthetics, Creativity, and the Arts* 11, n.º 4 (2017): 474-486; P. Matthijs Bal y Martij Veltkamp. «How Does Fiction Reading Influence Empathy? An Experimental Investigation on the Role of Emotional Transportation», *PLOS One* 8, n.º 1 (2013): e55341.
9. Beattie, «Social Interactions, Emotion and Sleep».
10. Karen A. Baikie y Kay Wilhelm, «Emotional and Physical Health Benefits of Expressive Writing», *Advances in Psychiatric Treatment* 11, n.º 5 (2005): 338-346.
11. Julia Zimmermann y Franz J. Neyer. «Do We Become a Different Person When Hitting the Road? Personality Development of Sojourners», *Journal of Personality and Social Psychology* 105, n.º 3 (2013): 515.

Capítulo 3: Un animal de costumbres
1. Joseph E. LeDoux, «Amygdala», *Scholarpedia* 3, n.º 4 (2008): 2698.
2. Charles Duhigg, *El poder de los hábitos: por qué hacemos lo que hacemos en la vida y el trabajo.* Barcelona: Vergara, 2019
3. Brent J. Atkinson. «Supplementing Couples Therapy with Methods for Reconditioning Emotional Habits», *Family Therapy Magazine* 10, n.º 3 (2011): 28-32, www.thecouplesclinic.com/pdf/Supplementing_Couples_Therapy.pdf.

Capítulo 4: Diamantes en bruto
1. «At Thomas Keller's Per Se, Slips and Stumbles, *New York Times*, 12 de enero de 2016.
2. «To Our Guests», Thomas Keller Restaurant Group (sitio web), consultado el 8 de diciembre de 2017, www.thomaskeller.com/messagetoourguests.

3. Gabe Ulla, «Can Thomas Keller Turn Around Per Se?», *Town & Country*, octubre de 2016.

4. Jodi Kantor y David Streitfeld, «Inside Amazon: Wrestling Big Ideas in a Bruising Workplace», *New York Times*, 16 de agosto de 2015.

5. Dean Baquet, «Dean Baquet Responds to Jay Carney's *Medium* Post, *Medium*, 19 de octubre de 2015, https://medium.com/@NyTimesComm/dean-baquet-responds-to-jay-carney-s-medium-post-6af794c7a7c6.

6. John Cook, «Full Memo: Jeff Bezos Responds to Brutal NyT Story, Says It Doesn't Represent the Amazon He Leads», GeekWire, 16 de agosto de 2015, www.geekwire.com/2015/full-memo-jeff-bezos-responds-to-cutting-nyt-expose-says-tolerance-for-lack-of-empathy-needs-to-be-zero.

7. Taylor Soper, «Amazon to 'Radically' Simplify Employee Reviews, Changing Controversial Program amid Huge Growth, GeekWire, 14 de noviembre de 2016, www.geekwire.com/2016/amazon-radically-simplify-employee-reviews-changing-controversial-program-amid-huge-growth.

8. Mike Myatt, *Hacking Leadership: The 11 Gaps Every Business Needs to Close and the Secrets to Closing Them Quickly* (Hoboken, Nueva Jersey: Wiley, 2013).

9. Sheila Heen y Douglas Stone, «Find the Coaching in Criticism», *Harvard Business Review,* enero/febrero de 2014, https://hbr.org/2014/01/find-the-coaching-in-criticism.

10. Peter Holley, «He Was Minutes from Retirement», *Washington Post*, 12 de diciembre de 2016, www.washingtonpost.com/news/on-leadership/wp/2016/12/12/he-was-minutes-from-retirement-but-first-he-blasted-his-bosses-in-a-company-wide-email.

Capítulo 5: La verdad sobre la empatía

1. Susan Lanzoni. «A Short History of Empathy», *Atlantic,* 15 de octubre de 2015, www.theatlantic.com/health/archive/2015/10/a-short-history-of-empathy/409912.

2. «Three Kinds of Empathy», Daniel Goleman (sitio web), 12 de junio de 2007, www.danielgoleman.info/three-kinds-of-empathy-cognitive-emotional-compassionate.

3. Shankar Vedantam, «Hot and Cold Emotions Make Us Poor Judges», *Washington Post,* 6 de agosto de 2007.

4. Paul Bloom, *Against Empathy: The Case for Rational Compassion* (Nueva York: Ecco, 2016).

5. Barbara Lombardo y Caryl Eyre. «Compassion Fatigue: A Nurse's Primer», *Online Journal of Issues in Nursing* 16, n.º 1 (2011): 3; Maryann Abendroth y Jeanne Flannery, «Predicting the Risk of Compassion Fatigue», *Journal of Hospice and Palliative Nursing* 8, n.º 6 (2006): 346-356.

6. Robin Stern y Diane Divecha, «The Empathy Trap», *Psychology Today,* 4 de mayo de 2015, www.psychologytoday.com/articles/201505/the-empathy-trap.

7. Keith Hampton, Lee Rainie, Weixu Lu, Inyoung Shin y Kristen Purcell, «Social Media and the Cost of Caring», Centro de Investigaciones Pew (sitio web), 15 de enero de 2015, www.pewinternet.org/2015/01/15/social-media-and-stress.

8. Sheryl Sandberg. «Today is the end of sheloshim for my beloved husband», Facebook, 3 de junio de 2015, www.facebook.com/sheryl/posts/10155617891025177.

9. Sheryl Sandberg. «There have been many times when I've been grateful to work at companies that supported families», Facebook, 7 de febrero de 2017, www.facebook.com/sheryl/posts/10158115250050177.

10. «Guy H. Pierce, Member of the Governing Body of Jehovah's Witnesses, Dies», Testigos de Jehová (sitio web), 20 de marzo de 2014, www.jw.org/en/news/releases/by-region/world/guy-pierce-governing-body-member-dies.

Capítulo 6: El poder de la influencia

1. Chris Voss y Tahl Raz, *Rompe la barrera del no: 9 principios para negociar como si te fuera la vida en ello* (Barcelona: Conecta, 2016).

2. Chris Voss, entrevistado por el autor el 9 de febrero de 2018.

3. Jay Conger, *The Necessary Art of Persuasion* (Boston: Harvard Business Review Press, 2008).

4. Lyz Lenz. «Dear Daughter, I Want You to Fail», *Huffington Post*, 24 febrero de 2013, www.huffingtonpost.com/lyz-lenz/snow-plow-parents_b_2735929.html.

5. Ramona G. Almirez, «Celine Dion Reacts Calmly to Fan Storming Stage», Storyful Rights Management, 8 de enero de 2018, https://youtu.be/GoO2LpfcvvI.

Capítulo 7: Tender puentes

1. Julia Rozovsky, «The Five Keys to a Successful Google Team», *re:Work* (blog), 17 de noviembre de 2015, https://rework.withgoogle.com/blog/five-keys-to-a-successful-google-team.
2. Jim Harter y Amy Adkins. «Employees Want a Lot More from Their Managers», *Gallup Business Journal* (sitio web), 8 de abril de 2015, http://news.gallup.com/businessjournal/182321/employees-lot-managers.aspx.
3. Angela Ahrendts, entrevistada por Rebecca Jarvis, *No Limits with Rebecca Jarvis,* Radio ABC, 9 de enero de 2018.
4. Thomas Baumgartner, Urs Fischbacher, Anja Feierabend, Kai Lutz y Ernst Fehr. «The Neural Circuitry of a Broken Promise», *Neuron* 64, n.º 5 (2009): 756-770.
5. Dan Ariely, *Payoff: The Hidden Logic That Shapes Our Motivations* (Nueva York: Simon & Schuster/TED, 2016).
6. Erika Andersen, «Why We Hate Giving Feedback –and How to Make It Easier», *Forbes,* 12 de enero de 2012, www.forbes.com/sites/erikaandersen/2012/06/20/why-we-hate-giving-feedback-and-how-to-make-it-easier.
7. Rodger Dean Duncan. «How Campbell's Soup's Former CEO Turned the Company Around», *Fast Company,* 18 de septiembre de 2014, www.fastcompany.com/3035830/how-campbells-soups-former-ceo-turned-the-company-around.

Capítulo 8: El lado oscuro

1. Nick Enoch. «Mein Camp: Unseen Pictures of Hitler… in a Very Tight Pair of Lederhosen», *Daily Mail,* 3 de julio de 2014, www.dailymail.co.uk/news/article-2098223/Pictures-Hitler-rehearsing-hate-filled-speeches.html.
2. Alex Gendler y Anthony Hazard. «How Did Hitler Rise to Power?». TED-Ed, 18 de julio del 2016, https://youtu.be/jFICRFKtAc4.
3. Ursa K.J. Naglera, Katharina J. Reiter, Marco R. Furtner y John F. Rauthmann, «Is There a "Dark Intelligence"? Emotional Intelligence Is Used by Dark Personalities to Emotionally Manipulate Others», *Personality and Individual Differences* 65 (2014): 47-52.
4. Tom Chivers. «How to Spot a Psychopath», *Telegraph,* 29 de agosto de 2017, www.telegraph.co.uk/books/non-fiction/spot-psychopath.
5. Robert Hare y Paul Babiak, *Snakes in Suits: When Psychopaths Go to Work* (Nueva York: HarperBusiness, 2007).

6. Mitja D. Back, Stefan C. Schmukle y Boris Egloff. «Why Are Narcissists So Charming at First Sight? Decoding the Narcissism–Popularity Link at Zero Acquaintance», *Journal of Personality and Social Psychology* 98, n.º 1 (2010): 132-145.

7. Stéphane Côté, Katherine A. DeCelles, Julie M. McCarthy, Gerben A. van Kleef e Ivona Hideg, «The Jekyll and Hyde of Emotional Intelligence: Emotion-Regulation Knowledge Facilitates Both Prosocial and Interpersonally Deviant Behavior», *Psychological Science* 22, n.º 8 (2011): 1073-1080.

8. Sara Konrath, Olivier Corneille, Brad J. Bushman y Olivier Luminet. «The Relationship between Narcissistic Exploitativeness, Dispositional Empathy and Emotion Recognition Abilities», *Journal of Nonverbal Behavior* 38, n.º 1 (2014): 129-143.

9. Comité independiente para la investigación de los directores de Wells Fargo & Company, *Sales Practices Investigation Report*, 10 de abril de 2017.

10. Matt Egan, «Workers Tell Wells Fargo Horror Stories», CNN Money, 9 de septiembre de 2016, http://money.cnn.com/2016/09/09/investing/wells-fargo-phony-accounts-culture/index.html.

11. Chris Arnold, «Former Wells Fargo Employees Describe Toxic Sales Culture, Even at hQ», NpR, 4 de octubre de 2016, www.npr.org/2016/10/04/496508361/former-wells-fargo-employees-describe-toxic-sales-culture-even-at-hq.

12. Joanne Martin, Kathleen Knopoff y Christine Beckman. «An Alternative to Bureaucratic Impersonality and Emotional Labor: Bounded Emotionality at The Body Shop», *Administrative Science Quarterly* 43, n.º 2 (1998): 429-469.

13. Robinson Meyer, «Everything We Know about Facebook's Secret Mood Manipulation Experiment», *Atlantic,* 28 de junio de 2014, www.theatlantic.com/technology/archive/2014/06/everything-we-know-about-facebooks-secret-mood-manipulation-experiment/373648/#IRB.

14. Drew Brannon, entrevistado por el autor el 21 de enero de 2018.

15. «The Breaking News Consumer's Handbook», blog del programa radiofónico *On the Media* de la Radio Pública Nacional (NPR), WNYC, 20 de septiembre de 2013, www.wnyc.org/story/breaking-news-consumers-handbook-pdf.

16. «The Breaking News Consumer's Handbook», blog del programa radiofónico *On the Media.*

17. Signe Whitson, «6 Tips for Confronting Passive-Aggressive People», *Psychology Today,* 11 de enero de 2016, www.psychologytoday.com/blog/passive-aggressive-diaries/201601/6-tips-confronting-passive-aggressive-people.

18. Dale Archer, «Why Love-Bombing a Relationship Is So Devious», *Psychology Today,* 6 de marzo de 2017, www.psychologytoday.com/blogreading-between-the-headlines/201703/why-love-bombing-in-relationship-is-so-devious.

19. Jodi Kantor y Megan Twohey, «Harvey Weinstein Paid Off Sexual Harassment Accusers for Decades», *New York Times,* 5 de octubre de 2017, www.nytimes.com/2017/10/05/us/harvey-weinstein-harassment-allegations.html.

20. Cristela Guerra. «Where Did "Me Too" Come From? Activist Tarana Burke, Long before Hashtags», *Boston Globe,* 17 de octubre de 2017, www.bostonglobe.com/lifestyle/201/10/17/alyssa-milano-credits-activist-tarana-burke-with-founding-metoo-movement-years-ago/ o2Jv29v6ljObkKpTpB9Kgp/story.html.

21. Sophie Gilbert. «The Movement of #MeToo», *Atlantic,* 16 de octubre de 2017, www.theatlantic.com/entertainment/archive/2017/10/the-movement-of-metoo/542979.

Bibliografía

Abendroth, Maryann y Jeanne Flannery. «Predicting the Risk of Compassion Fatigue». *Journal of Hospice and Palliative Nursing* 8, n.º 6 (2006): 346-356.

Agencia France-Presse. «Parents Who Praise Children Too Much May Encourage Narcissism, Says Study». *Guardian*, 10 de marzo de 2015. www.theguardian.com/world/2015/mar/10/parentswho-praise-children-too-much-may-encourage-narcis-sism-says-study.

Ahrendts, Angela. «The Self-Proclaimed "Non-Techie" Leading Apple Retail Strategy». Entrevista por Rebecca Jarvis. *No Limits with Rebecca Jarvis.* ABC Radio, 9 de enero de 2018.

Almírez, Ramona G. «Celine Dion Reacts Calmly to Fan Storming Stage». Storyful Rights Management, 8 de enero de 2018. https://www.youtube.com/GoO2Lpfcvvi.

American Academy of Achievement. «Thomas Keller». Consultado el 7 de enero de 2017. www.achievement.org/achiever/thomas-keller-2.

Andersen, Erika. «Why We Hate Giving Feedback —and How to Make It Easier». *Forbes*, 12 de enero de 2012. www.forbes.com/sites/erikaandersen/2012/06/20/why-we-hate-giving-feedback-and-how-to-make-it-easier.

Archer, Dale. «Why Love-Bombing in a Relationship Is So Devious». *Psychology Today*, 6 de marzo de 2017. www.psychologytoday.com/blog/reading-between-the-headlines/201703/why-love-bombing-in-relationship-is-so-devious.

Ariely, Dan. *Payoff: The Hidden Logic That Shapes Our Motivations*. Nueva York: Simon & Schuster/TED, 2016.

Arnold, Chris. «Former Wells Fargo Employees Describe Toxic Sales Culture, Even at HQ». NPR, 4 de octubre de 2016. www.npr. org/2016/10/04/496508361/former-wells-fargo-employees-describe-toxic-sales-culture-even-at-hq.

Atkinson, Brent J. «Supplementing Couples Therapy with Methods for Reconditioning Emotional Habits». *Family Therapy Magazine* 10, n.º 3 (2011): 28-32. www.thecouplesclinic.com/pdf/Supplementing_Couples_Therapy.pdf.

Back, Mitja D., Stefan C. Schmukle y Boris Egloff. «Why Are Narcissists So Charming at First Sight? Decoding the Narcissism–Popularity Link at Zero Acquaintance». *Journal of Personality and Social Psychology* 98, n.º 1 (2010): 132-145.

Baikie, Karen A. y Kay Wilhelm. «Emotional and Physical Health Benefits of Expressive Writing». *Advances in Psychiatric Treatment* 11, n.º 5 (2005): 338-346.

Bal, P. Matthijs y Martijn Veltkamp. «How Does Fiction Reading Influence Empathy? An Experimental Investigation on the Role of Emotional Transportation». *PLOS One* 8, n.º 1 (2013): e55341.

Baquet, Dean. «Dean Baquet Responds to Jay Carney's *Medium* Post». *Medium*, 19 de octubre de 2015. https://medium.com/@ NyTimesComm/dean-baquet-responds-to-jay-carney-s-medium-post-6af794c7a7c6.

Barrett, Lisa Feldman. *La vida secreta del cerebro: cómo se construyen las emociones,* Barcelona: Paidós, 2018.

Baumgartner, Thomas, Urs Fischbacher, Anja Feierabend, Kai Lutz y Ernst Fehr. «The Neural Circuitry of a Broken Promise». *Neuron* 64, n.º 5 (2009): 756-770.

Beattie, Louise, Simon D. Kyle, Colin A. Espie y Stephany M. Biello. «Social Interactions, Emotion and Sleep: A Systematic Review and Research Agenda». *Sleep Medicine Reviews* 24 (2015): 83-100.

Blog del programa radiofónico *On the Media*, de la Radio Pública Nacional de Estados Unidos (NPR). «The Breaking News Consumer's Handbook». WNYC, 20 de septiembre de 2013. www.wnyc.org/story/breaking-news-consumers-handbook-pdf.

Bloom, Paul. *Against Empathy: The Case for Rational Compassion*. Nueva York: Ecco, 2016.

Bonoir, Andrea. «The Surefire First Step to Stop Procrastinating». *Psychology Today*, 1 de mayo de 2014. www.psychologytoday.com/blog/friendship-20/201405/the-surefire-first-step-stop-procrastinating.

Brooks, Alison Wood. «Get Excited: Reappraising Pre-performance Anxiety as Excitement». *Journal of Experimental Psychology: General* 143, n.º 3 (2013): 1144-1158.

Brooks, David. «The Golden Age of Bailing». *New York Times*, 7 de julio de 2017. www.nytimes.com/2017/07/07/opinion/the-golden-age-of-bailing.html.

Bryant, Adam. «Corey E. Thomas of Rapid7 on Why Companies Succeed or Fail». *New York Times*, 18 de agosto de 2017. www. nytimes.com/2017/08/18/business/corner-office-corey-thom-as-rapid7.html.

Carnegie, Dale. *Cómo ganar amigos e influir sobre las personas*. Barcelona: Elipse, 2008.

Carney, Jay. «What the *New York Times* Didn't Tell You». *Medium*, 19 de octubre de 2015. https://medium.com/@jaycarney/what-the-new-york-times-didn-t-tell-you-a1128aa78931.

Chivers, Tom. «How to Spot a Psychopath». *Telegraph*, 29 de agosto de 2017. www.telegraph.co.uk/books/non-fiction/spot-psycho-path.

Cialdini, Robert. *Influencia: un libro fascinante sobre la ciencia y la práctica de la persuasión*. Madrid: Ilustrae, 2009.

Comité independiente para la investigación de los directores de Wells Fargo & Company. *Sales Practices Investigation Report*. Independent Directors of the Board of Wells Fargo & Company, 10 de abril de 2017.

Conger, Jay. *The Necessary Art of Persuasion*. Boston: Harvard Business Review Press, 2008.

Cook, John. «Full Memo: Jeff Bezos Responds to Brutal NyT Story, Says It Doesn't Represent the Amazon He Leads». GeekWire, 16 de agosto de 2015. www.geekwire.com/2015/full-memo-jeff-bezos-responds-to-cutting-nyt-expose-says-tolerance-for-lack-of-em-pathy-needs-to-be-zero.

Corporación Watch Tower Bible and Tract Society of Pennsylvania. «Guy H. Pierce, Member of the Governing Body of Jehovah's Witnesses, Dies». Jehovah's Witnesses (sitio web), 20 de marzo de 2014. www.jw.org/en/news/releases/by-region/world/guy-pierce-governing-body-member-dies.

Côté, Stéphane, Katherine A. DeCelles, Julie M. McCarthy, Gerben A. van Kleef e Ivona Hideg. «The Jekyll and Hyde of Emotional Intelligence: Emotion-Regulation Knowledge Facilitates Both

Prosocial and Interpersonally Deviant Behavior». *Psychological Science* 22, n.º 8 (2011): 1073-1080.

D'Alessandro, Carianne. «Dropbox's CEO Was Late to a Company-wide Meeting on Punctuality. What Followed Wasn't Pretty». Inc.com, 6 de julio de 2017. www.inc.com/video/drew-hous-ton/how-drop-boxs-ceo-learned-an-embarrassing-lesson-on-leadership.html.

David, Susan. *Agilidad emocional: rompe tus bloqueos, abraza el cambio y triunfa en el trabajo y en la vida,* Málaga: Sirio, 2018.

Davidson, Richard J. *El perfil emocional de tu cerebro: claves para modificar nuestras actitudes y reacciones*. Barcelona: Destino, 2012.

Donne, John. *Devotions upon Emergent Occasions*. Ed. Anthony Raspa. Montreal: McGill-Queen's University Press, 1975.

Duhigg, Charles. *El poder de los hábitos: por qué hacemos lo que hacemos en la vida y en la empresa*. Madrid: Urano, 2012.

Duncan, Rodger Dean. «How Campbell's Soup's Former CEO Turned the Company Around». *Fast Company*, 18 de septiembre de 2014. www.fastcompany.com/3035830/how-campbells-soups-former-ceo-turned-the-company-around.

Durant, Will. *Historia de la Filosofía: la vida y el pensamiento de los más grandes filósofos del mundo*. México: Editorial Diana, 1978.

Dweck, Carol S. *Mindset: la actitud del éxito*. Málaga: Sirio, 2016.

Egan, Danielle. «Into the Mind of a Psychopath». *Discover*, junio de 2016.

Egan, Matt. «Workers Tell Wells Fargo Horror Stories». CNN Money, 9 de septiembre de 2016. http://money.cnn.com/2016/09/ 09/investing/wells-fargo-phony-accounts-culture/index.html.

Enoch, Nick. «Mein Camp: Unseen Pictures of Hitler... in a Very Tight Pair of Lederhosen». *Daily Mail*, 3 de julio de 2014. www.daily-mail.co.uk/news/article-2098223/Pictures-Hitler-rehears-ing-hate-filled-speeches.html.

Facultad de Medicina de Harvard. «Estudio del Desarrollo Humano» (sitio web). Consultado el 13 de enero de 2018. www.adultde-velopment-study.org.

Friedman, Milton. *Capitalismo y libertad*. Madrid: Síntesis, 2012.

Gardner, Howard. *Estructuras de la mente: teoría de las inteligencias múltiples,* 2.ª ed. en castellano. Santa Fe de Bogotá, Colombia: Fondo de Cultura Económica, 1994.

Gendler, Alex y Anthony Hazard. «How Did Hitler Rise to Power?» TED-Ed, 18 de julio de 2016. https://youtu.be/jFICRFKtAc4.

Gilbert, Elizabeth. *Come, reza, ama: una mujer a la búsqueda del deseado equilibrio entre cuerpo y espíritu*. Barcelona: Suma de letras, 2010.

Gilbert, Sophie. «The Movement of #MeToo». *Atlantic*, 16 de octubre de 2017. www.theatlantic.com/entertainment/archive/2017/10/the-movement-ofmetoo/542979.

Goleman, Daniel. «About Daniel Goleman». Daniel Goleman (sitio web). Consultado el 7 de enero de 2018. www.danielgoleman.info/biography.

————. «Three Kinds of Empathy». Daniel Goleman (sitio web), 12 de junio de 2007. www.danielgoleman.info/three-kinds-of-empathy-cognitive-emotional-compassionate.

Goleman, Daniel, Richard Boyatzis y Annie McKee. *Liderazgo: el poder de la inteligencia emocional*. Barcelona: Ediciones B, S.A., 2013.

Grant, Adam. *Dar y recibir: Un enfoque revolucionario para conseguir el éxito*. Barcelona: Ediciones Gestión, 2000.

Guerra, Cristela. «Where Did "Me Too" Come From? Activist Tarana Burke, Long before Hashtags». *Boston Globe*, 17 de octubre de 2017. www.bostonglobe.com/lifestyle/2017/10/17/alyssa-milano-credits-activist-tarana-burke-with-founding-metoo-movement-years-ago/o2Jv29v6ljObkKpTpB9Kgp/story.html.

Hampton, Keith, Lee Rainie, Weixu Lu, Inyoung Shin y Kristen Purcell. «Social Media and the Cost of Caring». Centro de Investigaciones Pew (sitio web), 15 de enero de 2015. www.pewinternet.org/2015/01/15/social-media-and-stress.

Hare, Robert y Paul Babiak. *Snakes in Suits: When Psychopaths Go to Work*. Nueva York: HarperBusiness, 2007.

Harter, Jim, y Amy Adkins. «Employees Want a Lot More from Their Managers». *Gallup Business Journal* (sitio web), 8 de abril de 2015. http://news.gallup.com/businessjournal/182321/employ-ees-lot-managers.aspx.

Heen, Sheila y Douglas Stone. «Find the Coaching in Criticism». *Harvard Business Review*, enero/febrero de 2014. https://hbr.org/2014/01/find-the-coaching-in-criticism.

Holley, Peter. «He Was Minutes from Retirement. But First, He Blasted His Bosses in a Company-Wide Email». *Washington Post*, 12 de diciembre de 2016. www.washingtonpost.com/news/on-leadership/wp/2016/12/12/he-was-minutes-from-retire-ment-but-first-he-blasted-his-bosses-in-a-company-wide-email.

Isaacson, Walter. *Steve Jobs: la biografía*. Madrid: Debate, 2011.

Jamieson, Jeremy P., Wendy Berry Mendes, Erin Blackstock y Toni Schmader. «Turning the Knots in Your Stomach into Bows: Reappraising Arousal Improves Performance on the GRE». *Journal of Experimental Social Psychology* 46, n.º 1 (2010): 208-212.

Kantor, Jodi y David Streitfeld. «Inside Amazon: Wrestling Big Ideas in a Bruising Workplace». *New York Times*, 16 de agosto de 2015.

Kantor, Jodi y Megan Twohey. «Harvey Weinstein Paid Off Sexual Harassment Accusers for Decades». *New York Times*, 5 de octubre de 2017. www.nytimes.com/2017/10/05/us/harvey-weinstein-harassment-allegations.html.

Keller, Thomas. «To Our Guests ». Thomas Keller Restaurant Group (sitio web). Consultado el 8 de diciembre de 2017. www.thomas-keller.com/messagetoourguests.

Kidd, David, y Emanuele Castan. «Different Stories: How Levels of Familiarity with Literary and Genre Fiction Relate to Mentalizing». *Psychology of Aesthetics, Creativity, and the Arts* 11, n.º 4 (2017): 474-486.

Konrath, Sara, Olivier Corneille, Brad J. Bushman y Olivier Luminet. «The Relationship between Narcissistic Exploit-ativeness, Dispositional Empathy, and Emotion Recognition Abilities». *Journal of Nonverbal Behavior* 38, n.º 1 (2014): 129-143.

Laborde, S., F. Dosseville y M.S. Allen. «Emotional Intelligence in Sport and Exercise: A Systematic Review». *Scandinavian Journal of Medicine & Science in Sports* 26, n.º 8 (2016): 862-874.

Lanzoni, Susan. «A Short History of Empathy». *Atlantic*, 15 de octubre de 2015. www.theatlantic.com/health/archive/2015/10/a-short-history-of-empathy/409912.

LeDoux, Joseph E. «Amygdala». *Scholarpedia* 3, n.º 4 (2008): 2698. www.scholarpedia.org/article/Amygdala.

Lenz, Lyz. «Dear Daughter, I Want You to Fail ». *Huffington Post*, 24 de febrero de 2013.www.huffingtonpost.com/lyz-lenz/snow-plow-parents_b_2735929. html.

Lombardo, Barbara y Caryl Eyre. «Compassion Fatigue: A Nurse's Primer». *Online Journal of Issues in Nursing* 16, n.º 1 (2011): 3.

Martin, Joanne, Kathleen Knopoff y Christine Beckman. «An Alternative to Bureaucratic Impersonality and Emotional Labor: Bounded Emotionality at The Body Shop». *Administrative Science Quarterly* 43, n.º 2 (1998): 429-469.

Meyer, Robinson. «Everything We Know about Facebook's Secret Mood Manipulation Experiment». *Atlantic*, 28 de junio de 2014. www.theatlantic.com/technology/archive/2014/06/everything-

we-know-about-facebooks-secret-mood-manipulation-experi-
ment/373648/#iRB.

Moon, Shinji. *The Anatomy of Being*. Autopublicado: Lulu, 2013.

Myatt, Mike. *Hacking Leadership: The 11 Gaps Every Business Needs to Close and the Secrets to Closing Them Quickly*. Hoboken, Nueva Jersey:
Wiley, 2013.

Naglera, Ursa K. J., Katharina J. Reitera, Marco R. Furtnera y John F.
Rauthmann. «Is There a "Dark Intelligence"? Emotional Intelli-
gence Is Used by Dark Personalities to Emotionally Manipulate
Others». *Personality and Individual Differences* 65 (2014): 47-52.

O'Hara, Carolyn. «How to Get the Feedback You Need». *Harvard Business Review*, 15 de mayo de 2015. https://hbr.org/2015/05/how-
to-get-the-feedback-you-need.

Outlaw, Frank. Citado en «What They're Saying». *San Antonio Light*, 18
de mayo de 1977, 7-B.

Rozovsky, Julia. «The Five Keys to a Successful Google Team», *re:Work*
(blog), 17 de noviembre de 2015. https://rework.withgoo-gle.
com/blog/five-keys-to-a-successful-google-team.

Salovey, Peter, y John D. Mayer. «Emotional Intelligence». *Imagination,
Cognition, and Personality* 9, n.º 3 (1990): 185-211. http://ei.yale.
edu/wp-content/uploads/2014/06/pub153_SaloveyMay-eri-
Cp1990_OCR.pdf.

Sandberg, Sheryl. «There have been many times when I've been
grateful to work at companies that supported families». Facebook, 7 de febrero de 2017. www.facebook.com/sheryl/
posts/10158115250050177.

———. «Today is the end of sheloshim for my beloved husband». Facebook, 3 de junio de 2015. www.facebook.com/sheryl/ posts/
10155617891025177.

Shakespeare, William. *Timón de Atenas*. Madrid: Losada, 2016.

Solon, Olivia. «The Future of Fake News: Don't Believe Everything
You Read, See or Hear». *Guardian*, 26 de julio de 2017. www.
theguardian.com/technology/2017/jul/26/fake-news-obama-
video-trump-face2face-doctored-content.

Soper, Taylor. «Amazon to "Radically" Simplify Employee Reviews,
Changing Controversial Program Amid Huge Growth». Geek
Wire, 14 de noviembre de 2016. www.geekwire.com/2016/
amazon-radically-simplify-employee-reviews-changing-contro-
versial-program-amid-huge-growth.

Stern, Robin y Diane Divecha. «The Empathy Trap». *Psychology Today*, 4 de mayo de 2015. www.psychologytoday.com/articles/201505/the-empathy-trap.

Sullenberger, Chesley. «I Was Sure I Could Do It». Entrevista por Katie Couric. *60 Minutes*. CBS, 8 de febrero de 2009.

Sullenberger, Chesley, y Jeffrey Zaslow. *Sully: hazaña en el Hudson.* Estados Unidos: HarperCollins Español, 2016.

Ulla, Gabe. «Can Thomas Keller Turn Around Per Se?», *Town & Country*, octubre de 2016.

Vedantam, Shankar. «Hot and Cold Emotions Make Us Poor Judges». *Washington Post*, 6 de agosto de 2007.

Voss, Chris y Tahl Raz. *Rompe la barrera del no: 9 principios para negociar como si te fuera la vida en ello.* Barcelona: Conecta, 2016.

Waldinger, Robert J. «What Makes a Good Life? Lessons from the Longest Study on Happiness». Charlas TED, 1 de diciembre de 2015. www.ted.com/talks/robert_waldinger_what_makes_a_good_life_lessons_from_the_longest_study_on_happiness.

Wells, Pete. «At Thomas Keller's Per Se, Slips and Stumbles». *New York Times*, 12 de enero de 2016.

Whitson, Signe. «6 Tips for Confronting Passive-Aggressive People». *Psychology Today*, 11 de enero de 2016. www.psychologytoday.com/blog/passive-aggressive-diaries/201601/6-tips-confronting-passive-aggressive-people.

Wieczner, Jen. «How Wells Fargo's Carrie Tolstedt Went from *Fortune* Most Powerful Woman to Villain». *Fortune*, 10 de abril de 2017. http://fortune.com/2017/04/10/wells-fargo-carrie-tolstedt-clawback-net-worth-fortune-mpw.

Wilde, Oscar. *El alma del hombre bajo el socialismo.* Madrid: Biblioteca nueva, 2002.

Zak, Paul. «The Neuroscience of Trust». *Harvard Business Review*, enero/febrero de 2017. https://hbr.org/2017/01/the-neuroscience-of-trust.

Zimmermann, Julia y Franz J. Neyer. «Do We Become a Different Person When Hitting the Road? Personality Development of Sojourners». *Journal of Personality and Social Psychology* 105, n.º 3 (2013): 515.

Sobre el autor

Justin Bariso es escritor, conferenciante y asesor, y uno de los columnistas más populares de Inc.com. Sus ideas sobre liderazgo, gestión empresarial e inteligencia emocional han aparecido en las revistas *TIME* y *Forbes* y en el canal de televisión CNBC, entre otros medios de comunicación. LinkedIn lo ha reconocido en numerosas ocasiones como una «voz fuera de serie» en el ámbito de la gestión y la cultura empresariales.

Por haber crecido en un ambiente multicultural, Justin aprendió a ver el mundo desde distintas perspectivas. Le fascinaba que una noticia pudiera inspirar en distintos individuos reacciones emocionales muy diferentes, dependiendo de la edad, las experiencias o la educación. Después de trabajar diez años para una organización sin ánimo de lucro, se trasladó a Europa y creó su propia agencia de consultoría, en la que ha colaborado con todo tipo de empresas, desde pequeños negocios hasta compañías incluidas en la lista *Fortune 500*.

Actualmente, Justin se dedica sobre todo a ayudar a otros a sacar partido al poder de las emociones.

Contacto y charlas

Estoy ansioso por compartir contigo los estudios, entrevistas y descubrimientos que he hecho durante los años que he dedicado a escribir este libro. En términos prácticos, y con ejemplos reales, he querido destacar que la inteligencia emocional se puede aplicar en las situaciones cotidianas, lo mismo en casa que en el trabajo, y por qué aplicarla es hoy más importante que nunca.

Si tienes interés en invitarme a hablar en el próximo evento que organices, puedes ponerte en contacto conmigo a través de LinkedIn o escribiéndome a la dirección de correo electrónico info@eqapplied.com.

Además, si este libro te ha llevado a descubrir algo personalmente, o a alguna «revelación», me encantaría saber de ello. Si no estás de acuerdo con lo que pienso o te gustaría hacerme una crítica constructiva, me gustaría oírla también.

Estoy deseoso de escucharte y aprender de ti.